JN115154

要点マスター！

一般常識

マイナビ編集部 編

マイナビ

本書の使い方

本書は、就職試験で出題される一般常識を解くために必要な知識を身につけることを目的に、過去の出題傾向を分析してまとめました。

本書の一般常識は、「国語」「地理」「歴史」「生物」「物理」「化学」「地学」「数学」「社会一般」「英語」の10科目に分類されています。得意分野を伸ばし、苦手分野は克服して試験に臨むようにしましょう。

各科目について、就職試験での出題傾向などを解説。学習計画に役立てよう！

よく問われる重要なポイントを紹介。まずはここをしっかり押さえよう！

就職試験でも頻繁に取り上げられる問題をピックアップ。間違えた問題は何度も解いて理解を深めよう！

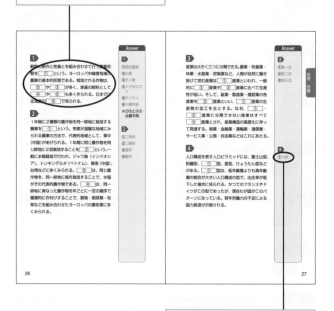

何度もくり返し学習できるように、解答は赤シートで隠すことが可能。

持ち運びしやすいコンパクトサイズなので、電車の中での学習や試験直前の確認にも活用してください。

目 次

一般常識

　本書の一般常識は、国語、地理、歴史、生物、物理、化学、地学、数学、社会一般、英語の10科目で構成しています。問題では、各科目とも就職試験において出題傾向の高い傾向にあるものを厳選していますので、ぜひチャレンジしてください。付録の赤シートで解答を隠して、復習を重ねることで、より理解が深まります。

国　語

👉ここがPOINT

国語では、漢字の読み書きや四字熟語、同音異義語などが出題される。文学作品なども有名なものは押さえておく。

📖漢字の読み書き

よく出される漢字は、同音異義語、同訓異義語を中心に、書き間違えやすい文字、形がまぎらわしい文字、一般に間違って使用する頻度の高い文字など。これらを中心に学習しておく。

【同音異義語の例】

(例) エイセイ＝〔衛生〕〔衛星〕〔永逝〕〔永世〕

■ 頻出される同音異義語 〈辞書で調べよう〉

ホショウ／カイホウ／カテイ／カンショウ／カンシン／キカイ／キカン／キコウ／キショウ／ケントウ／コウイ／コウエン／コウショウ／コウセイ／シュウセイ／シンチョウ／タイショウ／ツイキュウ／テンカ

【同訓異義語の例】

(例) あう＝〔会う〕〔合う〕〔遭う〕

■ 頻出される同訓異義語 〈辞書で調べよう〉

はかる／あける／あつい／うつ／おかす／おさめる／かわる／しめる／たずねる／とる／のびる

【書き間違えやすい熟語の例】

(誤) 講議→ (正) 講義　　(誤) 感概→ (正) 感慨
(誤) 幣害→ (正) 弊害　　(誤) 復雑→ (正) 複雑
(誤) 専問→ (正) 専門　　(誤) 危検→ (正) 危険
(誤) 裁培→ (正) 栽培　　(誤) 弧独→ (正) 孤独
(誤) 遇数→ (正) 偶数

（誤）遺感→（正）遺憾　（誤）換起→（正）喚起

【書き間違えやすい一字の同訓異字】

かげ〔木の陰〕〔人影〕　あと〔足跡〕〔列の後〕

わざ〔得意技〕〔神業〕

あぶら〔油絵〕〔脂身〕　おもて〔表向き〕〔水の面〕

もと〔火の元〕〔旗の下〕

【書き間違えやすい四字熟語】

（誤）異句同音→（正）異口同音　（誤）意味深重→（正）意味深長

（誤）危機一発→（正）危機一髪　（誤）言語同断→（正）言語道断

（誤）五里夢中→（正）五里霧中　（誤）大同小違→（正）大同小異

（誤）絶対絶命→（正）絶体絶命　（誤）無我無中→（正）無我夢中

【熟字訓（組み合わせによって特別な読みをするもの）】

明日（あす）小豆（あずき）田舎（いなか）笑顔（えがお）神楽（かぐら）七夕（たなばた）梅雨（つゆ）竹刀（しない）雪崩（なだれ）土産（みやげ）浴衣（ゆかた）五月雨（さみだれ）為替（かわせ）眼鏡（めがね）大人（おとな）

【読み方に注意する熟語】

出納（すいとう）建立（こんりゅう）杜撰（ずさん）反古（ほご）遊説（ゆうぜい）権化（ごんげ）行脚（あんぎゃ）流布（るふ）風情（ふぜい）匿名（とくめい）誤謬（ごびゅう）帰依（きえ）境内（けいだい）罷免（ひめん）暫時（ざんじ）漸次（ぜんじ）精進（しょうじん）措置（そち）回向（えこう）

▶ 四字熟語

主な四字熟語100語程度について、正確な漢字とその語の意味を覚えておく。

【よく出る四字熟語（意味が重要なもの）】

当意即妙　栄枯盛衰　臨機応変　針小棒大　前代未聞　天変地異傍若無人　紆余曲折　以心伝心　一日千秋　我田引水　東奔西走有名無実

【数字を使った四字熟語（数字の部分が空欄にされることが多い）】

一進一退　十人十色　四苦八苦　二束三文　三寒四温　千載一遇
千変万化　一石二鳥　九死一生　一刻千金　一騎当千　一触即発
七転八起　百家争鳴

【繰り返しの四字熟語(繰り返し以外の文字が空欄にされることが多い)】

徹頭徹尾　多情多恨　独立独歩　虚々実々　不即不離　無念無想
意気揚々　威風堂々　粒々辛苦　奇々怪々　多士済々　生々流転
明々白々

....

▶慣用句

二つ以上の語が結びついて、全体がある一つの新しい意味を表す言葉。多くは古くから言いならわされた表現である。

【人間の体の部分を用いたもの】

【目】目をかける／目を盗む／目が肥える／目が覚める／目が届く／
　　　目がない

【口】口を切る／口を割る／口が重い

【手】手がこむ／手が足りない／手を抜く

【耳】耳にはさむ／耳にたこができる

【鼻】鼻にかける／鼻につく／鼻であしらう

【腹】腹を割る／腹が黒い

【足】あげ足をとる／足がつく／足を洗う

【その他】

（古語が残っているもの）采配をふる

（生活に関係あるもの）みそをつける／お茶を濁す

....

▶ことわざ

「ことばのわざ」が語源で、言葉を工夫して教訓や警句、風刺などの意味を含んだ短い文句にしたもの。出題率が高いものは次の３種類。

【意味の似たことわざ】

言わぬが花＝沈黙は金／うそから出たまこと＝瓢箪から駒

雉も鳴かずば撃たれまい＝口は禍の門／やぶから棒＝寝耳に水

河童の川流れ＝猿も木から落ちる

豚に真珠＝猫に小判＝馬の耳に念仏

瓜のつるになすびはならぬ＝蛙の子は蛙

【意味が反対のことわざ】

君子危うきに近寄らず⇔虎穴に入らずんば虎子を得ず

立つ鳥跡を濁さず⇔後は野となれ山となれ

人を見たら泥棒と思え⇔七度たずねて人を疑え

【意味を間違えやすいことわざ】

情けは人のためならず

(誤) 人に情けをかけるのはその人のためにならない

(正) 人に情けをかけることは自分のためにもなる

故事成語

古くから伝わっている物語や言い伝え（故事）をもとにつくられた、ある特定の意味を表す言葉。主として中国の古い書物の中にある物語を語源とするものが多い。

一炊の夢（＝邯鄲の夢）／一寸の光陰軽んずべからず／烏合の衆／温故知新／会稽の恥／隗より始めよ／臥薪嘗胆／画竜点睛／杞憂／漁夫の利／蛍雪の功／嚆矢／呉越同舟／五十歩百歩／塞翁が馬／四面楚歌／弱肉強食／守株／推敲／杜撰／他山の石／蛇足／虎の威を借る狐／背水の陣／白眉／馬耳東風／矛盾／羊頭狗肉／大器晩成／朝三暮四／刎頸の交わり

【月の異称】

一月…睦月／二月…如月／三月…弥生／四月…卯月／五月…皐月／六月…水無月／七月…文月／八月…葉月／九月…長月／十月…神無月／十一月…霜月／十二月…師走

【ものの数え方】

いか…一杯／うさぎ…一羽／鏡…一面／箸…一膳／ようかん・たんす…一棹／とうふ…一丁／ざるそば…一枚

9

1 漢字の読み

次の漢字の読みを答えなさい。

有頂天 →	①	主宰 →	⑮	憂慮 →	㉙
苦渋 →	②	嘱望 →	⑯	疎通 →	㉚
高騰 →	③	行方 →	⑰	更迭 →	㉛
至難 →	④	肥沃 →	⑱	敷設 →	㉜
醜態 →	⑤	横溢 →	⑲	紛糾 →	㉝
端的 →	⑥	喫緊 →	⑳	遊説 →	㉞
無情 →	⑦	土産 →	㉑	頒布 →	㉟
推敲 →	⑧	詭弁 →	㉒	多寡 →	㊱
呵責 →	⑨	声色 →	㉓	礼賛 →	㊲
酌量 →	⑩	叱咤 →	㉔	顛末 →	㊳
抜擢 →	⑪	餞別 →	㉕	歪曲 →	㊴
貪欲 →	⑫	生憎 →	㉖	流暢 →	㊵
委嘱 →	⑬	永劫 →	㉗	如実 →	㊶
夏至 →	⑭	甚大 →	㉘	毅然 →	㊷

Answer

1

①うちょうてん
②くじゅう
③こうとう
④しなん
⑤しゅうたい
⑥たんてき
⑦むじょう
⑧すいこう
⑨かしゃく
⑩しゃくりょう
⑪ばってき
⑫どんよく
⑬いしょく
⑭げし

⑮しゅさい
⑯しょくぼう
⑰ゆくえ
⑱ひよく
⑲おういつ
⑳きっきん
㉑みやげ
㉒きべん
㉓こわいろ
㉔しった
㉕せんべつ
㉖あいにく
㉗えいごう
㉘じんだい

㉙ゆうりょ
㉚そつう
㉛こうてつ
㉜ふせつ
㉝ふんきゅう
㉞ゆうぜい
㉟はんぷ
㊱たか
㊲らいさん
㊳てんまつ
㊴わいきょく
㊵りゅうちょう
㊶にょじつ
㊷きぜん

2 漢字の書き

次のカタカナを漢字に直しなさい。

注意をカンキする　　　→ ①

国際フンソウ　　　　　→ ②

クジュウの選択　　　　→ ③

イヒョウをつく作戦　　→ ④

カンチガいをする　　　→ ⑤

式典をキョコウする　　→ ⑥

ユウジュウフダンな性格→ ⑦

自動車の製造コウテイ　→ ⑧

戸籍トウホン　　　　　→ ⑨

事態をシュウシュウする→ ⑩

テキカクな判断　　　　→ ⑪

自信をソウシツする　　→ ⑫

品質ホショウ　　　　　→ ⑬

運賃のセイサン　　　　→ ⑭

2

①喚起
②紛争
③苦渋
④意表
⑤勘違
⑥挙行
⑦優柔不断
⑧工程
⑨謄本
⑩収拾
⑪的確
⑫喪失
⑬保証
⑭精算

3 四字熟語

空欄に漢字を1字入れて、四字熟語を完成させなさい。

| ① | 味 | ② | 長 |

| ③ | 口 | ④ | 音 |

| ⑤ | 憂 | ⑥ | 楽 |

時 | ⑦ | 尚 | ⑧ |

| ⑨ | 語 | ⑩ | 断 |

| ⑪ | 変 | ⑫ | 化 |

| ⑬ | 材 | ⑭ | 所 |

| ⑮ | 令 | ⑯ | 改 |

| ⑰ | 竜 | ⑱ | 晴 |

| ⑲ | 従 | ⑳ | 背 |

| ㉑ | 面 | ㉒ | 歌 |

| ㉓ | 枯 | ㉔ | 衰 |

| ㉕ | 代 | ㉖ | 聞 |

| ㉗ | 骨 | ㉘ | 身 |

一 | ㉙ | 団 | ㉚ |

| ㉛ | 機 | ㉜ | 転 |

| ㉝ | 載 | ㉞ | 遇 |

| ㉟ | 田 | ㊱ | 水 |

| ㊲ | 故 | ㊳ | 新 |

| ㊴ | 憂 | ㊵ | 患 |

| ㊶ | | ㊷ | 無尽 |

| ㊸ | 里 | ㊹ | 中 |

Answer

3

①意 ②深
③異 ④同
⑤先 ⑥後
⑦期 ⑧早
⑨言 ⑩道
⑪千 ⑫万
⑬適 ⑭適
⑮朝 ⑯暮
⑰画 ⑱点
⑲面 ⑳腹
㉑四 ㉒楚
㉓栄 ㉔盛
㉕前 ㉖未
㉗粉 ㉘砕
㉙致 ㉚結
㉛心 ㉜一
㉝千 ㉞一
㉟我 ㊱引
㊲温 ㊳知
㊴内 ㊵外
㊶縦 ㊷横
㊸五 ㊹霧

4 ことわざ

空欄に言葉を入れて、ことわざを完成させなさい。

①　の衆

李下に　②　を正さず

③　千里を走る

人事を尽くして　④　を待つ

⑤　矢の如し

⑥　の耳に念仏

⑦　にも筆の誤り

あつものに懲りて　⑧　を吹く

⑨　に入らずんば　⑩　を得ず

⑪　盆に返らず

⑫　に短し　⑬　に長し

待てば　⑭　の日和あり

⑮　あれば水心

⑯　は三文の得

⑰　食う虫も好き好き

⑱　の道は蛇

⑲　猫をかむ

⑳　に釘

㉑　に一生を得る

木に　㉒　を接ぐ

Answer

4

① 烏合
② 冠
③ 悪事
④ 天命
⑤ 光陰
⑥ 馬
⑦ 弘法
⑧ なます
⑨ 虎穴
⑩ 虎子
　（虎児）
⑪ 覆水
⑫ 帯
⑬ たすき
⑭ 海路
⑮ 魚心
⑯ 早起き
⑰ 蓼（たで）
⑱ 蛇（じゃ）
⑲ 窮鼠（きゅうそ）
⑳ ぬか
㉑ 九死
㉒ 竹

13

5 敬語

空欄に正しい言葉を入れなさい。

敬語は、相手や第三者を敬う言い方のこと。敬語には ① 、 ② 、 ③ の3種類がある。

① は、相手や第三者の動作や事柄を尊敬する言い方。 ② は、自分や自分の側の者の動作や事柄に用いる言い方。 ③ は、話し手の聞き手に対する改まった丁寧な言い方。

普通動詞	尊敬動詞	謙譲動詞
行く	いらっしゃる	④ ・ ⑤
いる	いらっしゃる	おる
言う	⑥	⑦ ・ ⑧
する	なさる	いたす
食べる	⑨	⑩
与える	下さる	差し上げる
もらう	お受けになる	⑪
見る	⑫	拝見する
会う	お会いになる	⑬
聞く	お聞きになる	伺う・拝聴する
知る	お知りになる	⑭

Answer

5
①尊敬語
②謙譲語
③丁寧語
④参る
⑤伺う
※④⑤は
順不同
⑥おっしゃる
⑦申す
⑧申し上げる
※⑦⑧は
順不同
⑨召し上がる
⑩いただく
⑪いただく
⑫ご覧になる
⑬お目にかかる
⑭存じ上げる

6 文学作品

次の文学作品の作者を答えなさい。

『土佐日記』 → ①

『枕草子』 → ②

『源氏物語』 → ③

『方丈記』 → ④

『徒然草』 → ⑤

『好色一代男』『世間胸算用』 → ⑥

『曾根崎心中』 → ⑦

『奥の細道』 → ⑧

『東海道中膝栗毛』 → ⑨

『小説神髄』『当世書生気質』 → ⑩

『浮雲』『其面影』 → ⑪

『五重塔』 → ⑫

『たけくらべ』『にごりえ』 → ⑬

『舞姫』『雁』『阿部一族』 → ⑭

『破戒』『夜明け前』 → ⑮

『蒲団』『田舎教師』 → ⑯

『吾輩は猫である』『坊っちゃん』『草枕』『三四郎』『それから』『こころ』 → ⑰

『あめりか物語』『濹東綺譚』 → ⑱

『春琴抄』『細雪』 → ⑲

6
①紀貫之
②清少納言
③紫式部
④鴨長明
⑤吉田兼好
⑥井原西鶴
⑦近松門左衛門
⑧松尾芭蕉
⑨十返舎一九
⑩坪内逍遙
⑪二葉亭四迷
⑫幸田露伴
⑬樋口一葉
⑭森鷗外
⑮島崎藤村
⑯田山花袋
⑰夏目漱石
⑱永井荷風
⑲谷崎潤一郎

『お目出たき人』『友情』→ ⑳

『城の崎にて』『暗夜行路』『和解』『小僧の神様』
→ ㉑

『カインの末裔』『或る女』→ ㉒

『鼻』『羅生門』『芋粥』『地獄変』『河童』『歯車』
→ ㉓

『父帰る』『恩讐の彼方に』→ ㉔

『蟹工船』→ ㉕

『伊豆の踊子』『雪国』→ ㉖

『山椒魚』『黒い雨』→ ㉗

『風立ちぬ』→ ㉘

『山月記』『李陵』→ ㉙

『斜陽』『人間失格』『富嶽百景』→ ㉚

『仮面の告白』『金閣寺』→ ㉛

『氷壁』『天平の甍』『闘牛』→ ㉜

『死者の奢り』→ ㉝

『砂の女』→ ㉞

『野火』『武蔵野夫人』『レイテ戦記』→ ㉟

『みだれ髪』→ ㊱

『一握の砂』→ ㊲

『道程』→ ㊳

『月に吠える』→ ㊴

7 同意語

次の言葉の同意語を答えなさい。

手段 : ①

了解 : ②

賛成 : ③

休息 : ④

廉価 : ⑤

容易 : ⑥

及第 : ⑦

拘束 : ⑧

衰微 : ⑨

卓越 : ⑩

忍耐 : ⑪

虚構 : ⑫

仲介 : ⑬

付近 : ⑭

心配 : ⑮

遺憾 : ⑯

Answer

7

①方法

②納得
（承知）
（了承）

③同意

④休憩

⑤安価

⑥簡単

⑦合格

⑧束縛

⑨衰退

⑩傑出
（秀抜）
（秀逸）

⑪我慢

⑫架空

⑬斡旋

⑭界隈
（近辺）

⑮懸念

⑯残念

国語 問題

8 同意語

例に示した2語と同じ関係になっている語
を選びなさい。

Answer

8
①D
②C
③C
④D
⑤D
⑥B

(例) ばったり：偶然
　　　ひっそり：　①
　A 離散　　B 解散　　C 分散
　D 閑散　　E 霧散

(例) 励む：努力する
　　　悟る：　②
　A 会釈する　　B 集まる　　C 理解する
　D 投げ出す　　E 反省する

(例) 衰退：衰微
　　　及第：　③
　A 次第　　B 競合　　C 合格
　D 科挙　　E 昇格

(例) 傑出：卓越
　　　親切：　④
　A 真実　　B 親子　　C 簡単
　D 丁寧　　E 落胆

(例) 忍耐：我慢
　　　虚構：　⑤
　A 現実　　B 奇跡　　C 小説
　D 架空　　E 虚無

(例) 遺憾：残念
　　　意図：　⑥
　A 意志　　B 思惑　　C 図書
　D 陳列　　E 宣伝

9 反意語

次の言葉の反意語を答えなさい。

陰気↔ ①

個人↔ ②

発生↔ ③

供給↔ ④

栄転↔ ⑤

後退↔ ⑥

慎重↔ ⑦

過激↔ ⑧

安全↔ ⑨

違法↔ ⑩

韻文↔ ⑪

鈍角↔ ⑫

終了↔ ⑬

直行↔ ⑭

短縮↔ ⑮

開放↔ ⑯

🔟 慣用表現

次の意味を表す慣用表現になるように、空欄を埋めなさい。

相手に本音を吐かせるために、たくみに仕向ける
→ ① をかける

他の仕事や職業に十分に適応できる
→ ② がきく

うまくいっているのに邪魔をする
→ ③ を差す

何もしないで、事の成り行きにまかせる
→ ④ をこまねく

失敗しないように前もって用心すること
→転ばぬ先の ⑤

気楽に付き合える　→ ⑥ が置けない

ひどく疲れきる　→ ⑦ を出す

気後れした顔つきをする　→ ⑧ 白む

非常に頭の働きが良い
→ ⑨ から ⑩ へ抜ける

相手を自分より優れた者として一歩譲る
→ ⑪ 置く

念には念を入れて用心して行う
→ ⑫ をたたいて渡る

自分がした悪いことのせいで自分が苦しむこと
→身から出た ⑬

露骨すぎて味気ない→身も ⑭ もない

10
①鎌
②つぶし
③水
④手
⑤杖
⑥気
⑦あご
⑧鼻
⑨目
⑩鼻
⑪一目
⑫石橋
⑬さび
⑭蓋

11 多義語

例文の下線部分と最も近い意味に使われ
ているものを選びなさい。

① （例）勝手な行動はできない
  A 使い勝手の良い部屋
  B 勝手口から取り次ぎを頼む
  C 勝手に使っては困る
  D 勝手知ったる他人の家
  E ここでは勝手が違う

② （例）これでは顔が立たない
  A うれしそうな顔をする
  B 彼女は顔が売れている
  C この町では顔が広い
  D 大きな顔をするな
  E 失態によって顔をつぶされた

③ （例）軽いタッチの小説を読む
  A 軽く解ける問題
  B 軽い酒が好きだ
  C 人を軽く見る
  D 彼女は口が軽い
  E 軽い傷を負う

④ （例）相手方に補償金を請求する
  A 母方の親戚の家へ行く
  B 来し方をふりかえる
  C 自然科学の方にも興味がある
  D その方とは面識があります
  E ひもの結び方が難しい

⑤ （例）水を冷やせば氷になる
  A 走ればきっと間に合う
  B 歌もうまければ楽器もうまい
  C 聞けば分かるだろう
  D 鉄も熱すれば溶ける
  E やめるならば今のうちだ

⑥ （例）手をぬく
  A 朝食をぬく
  B 先頭ランナーをぬく
  C しみをぬく
  D 籍をぬく
  E ボールが頭上をぬく

地　理

☞ ここが**POINT**

就職試験では、圧倒的に日本地理の出題が多い。特に地理を苦手としている人には、日本地理の重点的な学習がおすすめ。

▶都道府県や都市に関するもの

・都道府県名と都道府県庁所在地が異なる都市
・47都道府県の名称と地図上での位置
・都道府県庁所在都市名

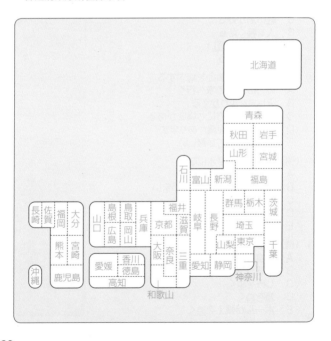

▶都道府県名と都道府県庁所在地 都市名が異なる都市

北海道（札幌）／岩手（盛岡）／宮城（仙台）／茨城（水戸）／栃木（宇都宮）／群馬（前橋）／神奈川（横浜）／石川（金沢）／山梨（甲府）／愛知（名古屋）／三重（津）／滋賀（大津）／兵庫（神戸）／島根（松江）／香川（高松）／愛媛（松山）／沖縄（那覇）〈表記が異なるもの〉埼玉（さいたま）

▶都道府県の特徴、 特産品や著名な観光地

- ・北海道……すべての炭鉱が閉鉱、酪農・稲作など農業生産額第1位
- ・岩手……リアス式海岸、栽培農業、港湾都市の釜石
- ・山形……果樹栽培
- ・東京……印刷・出版業第1位
- ・愛知……豊田・東海の自動車、鉄鋼
- ・大阪……関西国際空港、多数の中小企業
- ・福岡……有明海の干拓、IC産業
- ・長崎……諫早湾の干拓
- ・鹿児島……豚・さつまいもの生産第1位

▶自然に関するもの

山、川、湖、地形、山地、山脈、平野、土壌などの「日本一」「著名」なもの

- ・山……富士山（3776m）
- ・川（長さ）……信濃川（367km）
- ・川（流域面積）……利根川（16840km²）
- ・湖……琵琶湖（670 km²）
- ・平野……関東平野

▶ 産業に関するもの

- 主要農産物の生産高ベスト3の都道府県

    米——北海道・新潟・秋田　　みかん——和歌山・愛媛・静岡

    りんご——青森・長野・岩手　　ぶどう——山梨・長野・山形

    乳牛——北海道・栃木・岩手　　肉牛——北海道・鹿児島・宮崎

- 特徴的な農産物の生産県

    富山——チューリップ　　鳥取——梨　　　岡山——いぐさ

    静岡——うなぎ　　　　　広島——牡蠣　　千葉——落花生

    山形——サクランボ

- 主要漁港

    銚子、焼津、八戸、釧路、境

▶ 主要工業製品とその生産地　日本の工業の特徴

- 四大工業地帯（域）／工業地域

    京浜工業地帯／阪神工業地帯／中京工業地帯／北九州工業地域／

    京葉工業地域／東海工業地域／北陸工業地域／瀬戸内工業地域

▶ 産業の種類

第一次産業	農林水産業など
第二次産業	鉱業、製造業、建設業など
第三次産業	商業、金融業、通信業、サービス業など

- 産業別就業人口（2011年）

    ……第一次4%、第二次25%、第三次71%

▶ 産業の発達と環境問題

・公害の発生……四大公害病（水俣病、四日市ぜんそく、イタイイタイ病、新潟水俣病）
・最近の環境問題……ごみ問題、ダイオキシン、地球温暖化、酸性雨、フロンガス

▶ 交通・運輸に関するもの

新幹線網、連絡橋

▶ 地理の基礎に関するもの

地図の種類とその特徴、地図記号、地図のきまり、地形図、縮尺

▶ 世界・日本の気候の分類とそれぞれの気候帯の特徴

日本の気候区分　北海道・太平洋側・日本海側・中央高地・瀬戸内・南西諸島

世界地理に関しても、産業、農業、工業、鉱業、主要都市、気候帯など日本地理と同様の問題が出題されることがある。

1

穀物の耕作と牧畜とを組み合わせて行う農業形
態を ① という。ヨーロッパ中緯度地域の
農業の基本的形態である。栽培される作物は、
② や ③ が多く、家畜の飼料として
④ や ⑤ も多く作られる。日本では
北海道の ⑥ で見られる。

2

1年間に2種類の農作物を同一耕地に栽培する
農業を ① という。気候が温暖な地域にみ
られる農業の方法で、代表的地域として、華中
(中国)があげられる。1年間に同じ農作物を同
じ耕地に2回栽培することを ② という。一
般に水稲栽培で行われ、ジャワ島(インドネシ
ア)、トンキンデルタ(ベトナム)、華南(中国)、
台湾などに多くみられる。 ③ は、同じ農
作物を、同一耕地に毎年栽培することで、水稲
がその代表的農作物である。 ④ は、同一
耕地に異なった農作物を年ごとに一定の順序で
循環的に作付けすることで、穀物・根菜類・牧
草などを組み合わせたヨーロッパの農牧業に多
くみられる。

1

①混合農業

②小麦

③ライ麦

④トウモロコ
シ

⑤テンサイ

⑥十勝平野

※②③と④⑤
は順不同

2

①二毛作

②二期作

③連作

④輪作

3

産業は大きく三つに分類できる。農業・牧畜業・林業・水産業・狩猟業など、人間が自然に働き掛けて営む産業は ① 産業といわれ、一般的に ② 産業や ③ 産業に比べて生産性が低い。そして、鉱業・製造業・建設業の各産業を ② 産業といい、 ① 産業の生産物の加工を主とする。なお、 ① ・ ② 産業に分類できない産業はすべて ③ 産業とされ、産業構造の高度化に伴って発達する。商業・金融業・運輸業・通信業・サービス業・公務・自由業などはこれにあたる。

4

人口構成を表す人口ピラミッドには、富士山型、釣鐘型、 ① 型、星型、ひょうたん型などがある。 ① 型は、低年齢層よりも高年齢層の割合が大きい人口構成の型で、出生率が低下した場合に見られる。かつてのフランスやドイツがこの型であったが、現在わが国がこのパターンになっている。若年労働力の不足による国力衰退が示唆される。

Answer

3

①第一次
②第二次
③第三次

4

①つぼ

地理 問題

27

5

ある河川に対して、雨や雪などの降水が集まり、流れ込む範囲を、その河川の ① といい、その面積をその河川の ① 面積という。

① 面積は、その河川の川幅面積のことではない。 ① 面積と、河川の水量・流量は比例することが多く、河川規模を示す重要な指標である。日本の河川の ① 面積は、1位は ② 川で、約1万6840km²である。2位は ③ 川、3位は ④ 川である。川の長さでは、 ④ 川、 ② 川、 ③ 川の順である。

6

日本最大の面積を誇る湖は ① （ ② 県）で、約670km²ある。2番目に大きい湖は ③ （ ④ 県）で、約168km²である。 ③ の周囲長は約250kmあり、日本で最も長い（ ① の周囲長は約241km）。 ③ では、ワカサギ・シラウオなどの漁業が盛んである。3番目は ⑤ （ ⑥ ）で、約151km²である。

Answer

5
①流域
②利根
③石狩
④信濃

6
①琵琶湖
②滋賀
③霞ヶ浦
④茨城
⑤サロマ湖
⑥北海道

7

溶食作用が進行した石灰岩地域にみられる地形を総称して　①　という。ドリーネ（石灰岩の地表に生じた直径20m前後のすり鉢状の穴）、カレン（多くの小溝の間に残された突出部のこと。カレンが多数ある部分をカレンフェルトという）、鍾乳洞などの地形を総称した名称である。日本では、山口県の　②　、北九州市の平尾台などが大規模な　①　である。

8

国際自然保護連合が、絶滅寸前か、近い将来に野生では絶滅するおそれがあると認定した生物種（　①　という）を掲載したものは、　②　といわれる。生物種が絶滅するのは、乱獲、密漁（密猟）、環境破壊、生態系の破壊、異常気象など、さまざまな理由による。日本では、イリオモテ　③　、エゾオオカミ、シマフクロウ、オガサワラオオ　④　などが挙げられる。

9

世界で最も面積の大きい島は　①　で、217万5600km²であり、日本の本州の面積（22万7414km²、世界7位）の10倍近い。　①　はデンマーク領であるが、自治政府が置かれており、北極海と北大西洋の間に位置し、全島の約80%は氷床と万年雪に覆われている。2位は　②　で、79万km²である。

10

河口付近に泥や砂が堆積して作られた地形を
　①　という。　①　は枝分かれした2本
以上の河川（分流）と海で囲まれた　②　に
近い形をしている。形成の条件は、河川からの
十分な量の土砂供給があり、河口付近の地形が
土砂を堆積できる形態となっていて、河口付近
の潮流が土砂を侵食しすぎないこと、などであ
る。

11

　①　気候は　②　気候の一つで、雨季と
乾季が明瞭である。気温の年較差は　③　、乾
燥に強い樹木がまばらに生え、　④　が広く
分布していることがその特徴である。インド、ブ
ラジル高原、オーストラリア北部、アフリカの
コンゴ盆地などに分布する。

12

メキシコやキューバ、プエルトリコなど、中南
米のスペイン語圏諸国からアメリカ合衆国に移
住してきた人々や、その子孫を　①　という。
近年増加傾向にあり、2008年現在、4000万
人の　①　がいるといわれ、合衆国人口の
13%以上を占めている。その数の多さから、政
治的にも無視できない勢力になっており、近年
の大統領選挙でも、その動向が注目されている。

Answer

10
①三角州
②三角形

11
①サバナ
（サバンナ）
②熱帯
③小さく
④草原

12
①ヒスパニッ
ク

13

スイス南部に位置する、アルプス山中の観光保養都市の ① は、アルプス登山口の景勝地で、マッターホルン山の北東麓1620mに位置する。マッターホルン・ゴッタルド鉄道の終点でもあり、ここを起点に、多くのケーブルカーや登山鉄道が延びている。なお、環境保護のため市街地からガソリン自動車を締め出している。

② は、フランス南東部、プロヴァンス地方、地中海沿岸のニースからモナコ、イタリアのラスペツィアに至る海岸地帯（このうちフランス領はコートダジュールという）。温暖な気候と美しい風景に恵まれ、観光保養地として発展した。 ③ は、フランス南部、リビエラ地方の中心であり、19世紀半ばからヨーロッパ貴族の高級避寒地として発展した海岸保養都市。 ④ は、ドイツのシュヴァルツヴァルト北部にある国際的な温泉保養都市。 ⑤ は、カナダ・アルバータ州にあり、カナディアンロッキーの観光拠点となる町である。

Answer

13

①ツェルマット

②リビエラ

③ニース

④バーデンバーデン

⑤バンフ

地理 問題

14

砂漠で植物が生育し、人間が生活できるだけの
淡水が得られる場所を ① という。 ①
ができる条件としては、地下水が湧く場所、大
山脈の山麓、外来河川の河岸、掘り抜き井戸を
利用した人工的なものなどがある。大規模な
① では都市が発達する。サウジアラビア
の首都である ② は、サウジアラビア建国
以前は、数万人が居住するに過ぎない内陸の町
であったが、第二次世界大戦後、石油の富がサ
ウジアラビアに還流するようになって爆発的に
発展し、アラビア半島最大の都市となった。

15

日本アルプスは、本州の中部地方に位置する、
① 山脈（北アルプス＝富山県・長野県・
岐阜県・新潟県）、 ② 山脈（中央アルプ
ス＝長野県・岐阜県）、 ③ 山脈（南アル
プス＝長野県・山梨県・静岡県）の総称である。
各山脈の最高峰は、 ① 山脈が奥穂高岳
3190m、 ② 山脈が駒ケ岳2956m、
③ 山脈が北岳3193mである。

Answer

14
①オアシス
②リヤド

15
①飛騨
②木曽
③赤石

16

英国南東部から、　①　、ルール工業地帯、ライン川流域を経て、イタリア北部にかけての、各種工業が集積している地帯は「青い　②　」と呼ばれている。西ヨーロッパにおいて、特に経済的・人口的に発展している地域が、　②　の形をしていることからの呼称である。北西のロンドンから、南東のミラノにまで及ぶ。「青」は、EUの旗の色として、また伝統的にヨーロッパを表す色として使用されてきたことに由来する。近年のEUの統合進展により、結びつきが強まり、EU経済の中心的地域になっている。なお　①　とは、ベルギー、オランダ、ルクセンブルクの3カ国をまとめて呼ぶ名称である。

17

日本で黒糖や上質の砂糖の原料になっている　①　は、ブラジルとインドで世界の半数前後が生産されている。利用方法としては、一般に茎を生食したり、絞った汁を製糖や工業用エチルアルコールの原料にしたりする。　①　をしぼった汁から砂糖を取り除いた液体はモラセスと呼ばれ、これを発酵させてエチルアルコールを取り出す。これを自動車燃料の一部として使用する研究・開発が行われている。ブラジルでは1980年代から自動車燃料などのアルコール転換が進められており、燃料用としての　①　を政府が買い上げている。　①　はこの他、家畜の飼料、パルプの原料、酒造などにも用いられている。

16
①ベネルクス3国
②バナナ

地理　問題

17
①サトウキビ

18

ケッペンの気候区分によれば、温帯気候は主に
4つに区分される。記号でいうと、まず、年中
乾燥期がない区分として、　①　と　②
がある。最暖月平均気温や降水量に着目すると、
　①　は最暖月平均気温が22℃以上となり、
年降水量は1000mmを超える。一方、　②
は最暖月気温が22℃未満と比較的涼しく、降
水量も高緯度低圧帯や偏西風の影響により、比
較的少なめである。海流の影響で高緯度のわり
に温暖な気候となっている。次に、　③　は、
夏は海洋からのモンスーンや熱帯性低気圧の影
響で多雨、冬は大陸からのモンスーンの影響で
少雨となる。　④　は、中緯度地方の大陸西
岸に分布する。夏は中緯度高圧帯の影響で高温
乾燥となるが、冬は高緯度低圧帯や偏西風の影
響により湿潤になる。南アフリカの　⑤　は、
この気候の都市として有名である。

19

Answer

19
①公共交通機関
②ヨーロッパ
③樹木作物
④料金
⑤土地や建物
⑥高速交通

1. パークアンドライドとは、交通渋滞緩和のため、都市の入り口まで自家用車で来て駐車場に車を置き、そこで鉄道やバスなどの ① に乗り換えるしくみである。この方式は、ドイツなどの ② の都市で広く利用されている。

2. アグロフォレストリーは、森林の伐採後、 ③ を植林し、木が育つまでの間、樹間で農作物の栽培や家畜の飼育をする農林業である。

3. ロードプライシング制度は、交通渋滞や大気汚染を緩和する目的で、都市部の道路のうち、頻繁に渋滞が発生する区間や民家の多い区間に乗り入れる自動車に ④ を課して、交通量の制限を促す。

4. ナショナルトラスト運動は、開発や都市化の波から自然環境や歴史的環境を保全するため、市民から寄金をつのり、対象となる ⑤ などを買い取り保存・管理しようとする運動である。

5. メガロポリスは、巨大都市を中心に、連続する多くの都市が、 ⑥ や通信機関で結ばれ、全体が互いに密接な関係を築きながら活動している地帯のことである。

20

等高線は、地図において、実際にある山や谷など、地表の起伏を平面上で正確に理解するために、等しい高度の点を結んで引かれた線のことである。日本では、東京湾の　①　を基準に等高線が引かれている。等高線には、　②　、主曲線、第一次補助曲線、第二次補助曲線の4種類がある。

等高線の基準となる実線を主曲線といい、5本ごとに太い実線で表されたものを　②　という。主曲線で表現できない緩やかな地形などを表すには、破線の補助曲線が使用される。主曲線は、20万分の1の地勢図では　③　mごと、5万分の1の地形図では　④　mごと、2万5000分の1の地形図では10mごとに引かれる。

21

東南アジアに関する記述の国を答えなさい。

1 アジアNIEsの1員として、アジア有数の
  工業国となっており、ジュロンに大規模な
  工業団地が建設されている。また、日本に
  とって最初の経済連携協定（EPA）締結国。
2 1945年までアメリカ領であったが、
  1898年の米西戦争以前はスペイン領。カ
  トリックのキリスト教徒が大半を占める。近
  年、ミンダナオ島を中心にイスラム教徒の
  モロ族が独立を目指し、武力闘争があった。
3 シャム族が人口の大部分を占めるが、華僑
  も多い。戦前、周辺諸国が欧米の植民地に
  なる中で、緩衝国として、独立を保ち続け
  た。天然資源も豊富で、天然ゴムやスズの
  生産が盛んである。
4 以前はスズや天然ゴムや木材などの生産と
  輸出に依存していたが、日本やNIEsを見
  習うルックイースト政策を掲げ、工業化を
  推進している。
5 1980年代後半まで、国営企業主導型の計
  画経済が実施されていたが、近年天然資源
  開発型の市場経済化が急速に進展している。
  その一方で自然環境破壊が著しい。

Answer

21

①シンガポール
②フィリピン
③タイ
④マレーシア
⑤ミャンマー

地理　問題

歴 史

👈ここがPOINT

就職試験では、日本史の方がよく出され、特に「文化史」に関する出題が多い。各時代の文化とその名称、特徴、主な作品、人物などを関連づけて覚える。その他、主要なできごとを、その内容・かかわった人物名とあわせて覚えておき、現代史では、そのできごとが起きた当時の内閣名もあわせてチェックする。世界史では、近現代史を中心に、主要なできごとをチェックしておく。

▶ 日本文化史

天平文化（奈良時代）	
特色	聖武天皇の頃栄えた国際色豊かな仏教文化
建築など	正倉院とその宝物、唐招提寺金堂
書物	「古事記」「日本書紀」「万葉集」
国風文化（平安時代）	
特色	遣唐使の廃止などで唐風の文化に代わり、貴族たちの間に日本の風土や生活感情にあった文化が起こる
建築物	貴族の屋敷→寝殿造
絵画	大和絵、絵巻物（「源氏物語絵巻」など）
文学	かな文学の普及。「古今和歌集」「土佐日記」「源氏物語」「枕草子」
浄土信仰の広まり	平等院鳳凰堂、中尊寺金色堂
鎌倉文化	
特色	公家文化に加え、素朴で力強い武家文化が出現
文学	「新古今和歌集」「方丈記」「平家物語」
建築	東大寺南大門（天竺様）、円覚寺舎利殿（唐様）
美術	金剛力士（仁王）像（運慶、快慶）、似絵（肖像画）

随筆	徒然草
北山文化（室町時代前期・足利義満）	
建築	金閣
芸能	能（観阿弥、世阿弥）・狂言
美術	水墨画（東山文化にて雪舟が集大成）
東山文化（室町時代後期・足利義政）	
建築	銀閣、書院造
文学	御伽草子
元禄文化（江戸時代、17世紀末〜18世紀初頭）	
特色	京都や大坂（大阪）など上方ではなやかな町人の文化が発達
文学	浮世草子（井原西鶴「日本永代蔵」）、人形浄瑠璃（近松門左衛門「曾根崎心中」）、俳諧（松尾芭蕉「奥の細道」）
演劇	歌舞伎の発達。人形浄瑠璃（竹本義太夫の語り）
絵画	装飾画→俵屋宗達が始め、尾形光琳が完成 浮世絵→菱川師宣「見返り美人図」
化政文化（江戸時代、18世紀末〜19世紀初頭）	
特色	江戸の町人を中心。皮肉やしゃれが流行
文芸	狂歌や川柳の流行。十返舎一九「東海道中膝栗毛」、滝沢馬琴「南総里見八犬伝」、俳諧（小林一茶）
美術	浮世絵（錦絵）→喜多川歌麿の美人画、葛飾北斎「富嶽三十六景」、歌川（安藤）広重「東海道五十三次」
近代文化	
自然科学	細菌学……北里柴三郎、志賀潔、野口英世 原子物理学……長岡半太郎
文学	二葉亭四迷、夏目漱石、森鷗外、樋口一葉
美術	フェノロサと岡倉天心が日本美術の復興に努力。黒田清輝→印象派の紹介
音楽	滝廉太郎「荒城の月」

▶日本の主なできごと

- 大化の改新…645年、中大兄皇子・中臣鎌足らが蘇我氏を倒す。
  権力集中の政治改革
- 律令制度…701年、大宝律令制定。班田収授法。租・庸・調。口
  分田。防人
- 藤原氏の政治…摂関政治(天皇と姻戚関係をつくり、一族が摂政・
  関白になる)
- 院政…白河天皇が、上皇となった後も院となって政治を行う
- 承久の乱…1221年、後鳥羽上皇が政権の回復を図るが失敗。六
  波羅探題
- 元寇…フビライの要求を北条時宗が拒否。文永の役1274年、弘
  安の役1281年
- 南北朝の動乱…後醍醐天皇→南朝に逃れ、足利尊氏らと対立。守
  護大名
- 応仁の乱…1467年、細川氏と山名氏の対立に端を発する。下剋
  上の風潮。戦国大名
- キリスト教の伝来…1549年、フランシスコ・ザビエルが伝える
- 織田信長の政治…楽市令。キリスト教の保護。関所の廃止
- 豊臣秀吉の政治…太閤検地。刀狩。朝鮮侵略。宣教師追放
- 関ヶ原の戦い…1600年。勝利した徳川家康は江戸に幕府を開く
- 江戸の三大改革…1716年〜享保の改革（徳川吉宗）、1787年
  〜寛政の改革（松平定信）、1841年〜天保の
  改革（水野忠邦）
- 明治維新…1868年五箇条の御誓文。1869年版籍奉還、1871
  年廃藩置県。四民平等
- 日清・日露戦争…1894年日清戦争。下関条約。1904年日露戦
  争。ポーツマス条約
- 第一次世界大戦…1914年。日本は日英同盟を理由に参戦。対中
  国二十一か条の要求

- 第二次世界大戦…1939年ドイツがポーランド侵攻。1941年、日本が真珠湾攻撃
- 原爆投下と終戦…1945年、アメリカが広島・長崎に原爆投下。ポツダム宣言の受け入れ
- 国際社会復帰…1951年、サンフランシスコ平和条約。同時に日米安全保障条約

▶世界の主なできごと(中世以後)

14世紀	イタリアでルネサンスが始まる
1498年	ヴァスコ・ダ・ガマがインドに到達する
16世紀	ヨーロッパで宗教改革
1642年	イギリス清教徒革命
1688年	イギリス名誉革命
1769年	ワットが蒸気機関を改良
1776年	アメリカ独立宣言
1789年	フランス革命
1840年	アヘン戦争
1851年	太平天国の乱
1861年	アメリカ南北戦争
1917年	ロシア革命
1919年	ベルサイユ条約
1929年	世界恐慌
1945年	国際連合が発足
1950年	朝鮮戦争が勃発
1975年	ベトナム戦争終結
1990年	東西ドイツの統一
1991年	ソ連が解体
2001年	アメリカ同時多発テロ事件

1

① は、804年に渡唐、806年に帰国した。そして高野山に ② を建立して真言宗を広めた。さらに、東寺（教王護国寺）を根本道場とした。

③ は、比叡山に ④ を建立し、天台宗を広めた。

2

『 ① 』は、全125段からなる歌物語（独詠歌または贈答歌の和歌を中心として、その和歌にまつわるエピソードで構成された物語）で、10世紀初頭の成立。ある男の元服から死に至るまでの一代記風構成であり、その男とは、 ② （小野小町・在原業平・僧正遍昭・喜撰法師・文屋康秀・大伴黒主）の一人である在原業平とされている。

3

後三条天皇の遺志を受け継いで天皇中心の政治を行った ① は、1086年に堀河天皇に譲位した後も上皇、次いで法皇として政治の実権を握った。この上皇を中心とした政治を ② という。 ② は、その後も鳥羽上皇、後白河上皇へと引き継がれ、100年余り続いた。

Answer

1
①空海
②金剛峰寺
③最澄
④延暦寺

2
①伊勢物語
②六歌仙

3
①白河天皇
②院政

42

4

	開祖	宗派	主要著書
念仏	法然	浄土宗	『選択本願念仏集』
	①	浄土真宗	『教行信証』
	一遍	②	(一遍上人語録)
座禅	③	臨済宗	『興禅護国論』
	道元	曹洞宗	『 ④ 』
題目	日蓮	日蓮宗	『立正安国論』

5

　①　は、鎌倉幕府の職名で、征夷大将軍を助け、政務を統括した。初代の　①　は、源頼朝の妻北条政子の父、北条時政である。8代　①　の北条　②　は、1274年(　③　の役)と1281年(　④　の役)の2度にわたる元軍の襲来に遭遇したが、石塁の築造や異国警固番役の設置など、防御を強化して迎え撃ち、台風などによる元軍の撤退もあり、国難を回避した。

6

室町時代の15世紀初めから16世紀半ばに、日本が中国の明王朝と行った日明貿易の別名を　①　という。室町幕府は、倭寇による密貿易を抑え、対外貿易の利益を収めるために、　①　による統制を始めた。貿易の際に、　②　といわれる許可書が使用された。

Answer

4
① 親鸞
② 時宗
③ 栄西
④ 正法眼蔵

5
① 執権
② 時宗
③ 文永
④ 弘安

6
① 勘合貿易
② 勘合符

43

7

① 文化は、足利 ② が京都・ ①
に建てた金閣（鹿苑寺）の建築様式が、伝統的
な寝殿造風と禅宗様を折衷したものであり、時
代の特徴を表していることから名付けられた。絶
海中津・義堂周信らの ③ 文学、観阿弥・
④ 父子らの能、中国からの渡来僧や中国
帰りの留学僧によって伝えられた水墨画などが
挙げられる。一方、 ⑤ は、応仁の乱の後、
足利 ⑥ によって建立された、 ⑦ 文
化の代表的建築物である。

8

1549年、 ① が ② に来日し、日本
に初めてキリスト教を伝えた。日本だけでなく、
インドなどでも宣教活動を行い、多くの人々を
キリスト教信仰に導いた。インドのゴアから中
国のジャンク船に乗って、数名の従者とともに
日本を目指し、 ② に上陸した。その後、伊
集院城で薩摩の領主、島津貴久に謁見し、宣教
の許可を得た。さらに平戸、山口、堺、京都と
宣教活動を続けたが、1551年、再びインドを
目指して離日した。

7

①北山

②義満

③五山

④世阿弥

⑤銀閣
（慈照寺）

⑥義政

⑦東山

8

①フランシス
コ＝ザビエ
ル

②鹿児島

9

江戸時代に、庶民の子どもたちに読み・書き・
　①　などの実用的な知識を教えた教育機関
を　②　という。　②　では、僧侶・神官・
浪人などが先生となり、教科書には『　③　』
『童子教（どうじきょう）』などが使用された。明治以後、義務教
育制度の普及によって消滅した。

10

　①　は、鎌倉時代の基本法典で、51か条
からなる。執権北条泰時が評定衆に命じて編纂
させたもので、源頼朝以来の慣習法、判例を規
範として、行政、訴訟などに関して定めた武家
最初の成文法である。

また、江戸時代において、徳川幕府が諸大名を
統制した法令を　②　という。徳川家康が、南
禅寺の金地院崇伝に起草させ、将軍秀忠の名で
1615年に発布された。　①　や分国法など
をもとに作成されており、家光以降も将軍の代
替わりにくり返し発布され、少しずつ修正され
た。なお、同じ1615年に制定され、徳川幕府
による朝廷統制の基準を示したものを　③　
という。

9

①そろばん
②寺子屋
③庭訓往来（ていきん）

10

①御成敗式目
②武家諸法度
③禁中並公家
　諸法度

11

　　① 党は、1882 ～ 1896年に存在した、明治時代の自由民権運動の代表的政党である。1882年（明治15年）に、東京専門学校（現在の早稲田大学）の開設者である　② 　を中心に結成された。英国流の立憲君主制や二院制議会、財産制限選挙制など、穏健な立憲政治を目標とした。小野梓、尾崎行雄、犬養毅、矢野竜渓らも同党に加わった。

12

第一次世界大戦中の1918年8月、　① 　首相はロシア革命に干渉するシベリア出兵を宣言したが、これをきっかけに需要拡大を見込んだ商社などの　② 　の買い占めが起こった。この買い占めにより　② 　の価格が暴騰し、一般市民の生活は大変苦しいものとなった。同年7月、　③ 　の住民らが、問屋が県外に　② 　を搬出するのを阻止しようとして騒動が始まった。その後、騒動は全国に波及し、　① 　内閣は同年9月に総辞職する。この事件は、初の本格的政党内閣である原敬内閣の成立や、大正デモクラシー運動への発展の契機となるものであった。

13

ローマ法は、古代ローマ時代に制定された法律の総称であるが、ローマ市民にだけ適用される ① がその起源とされ、領土の拡大とともに万民法に成長した。 ① は、前5世紀半ばに慣習法を初めて成文化したもので、その集大成が、6世紀に東ローマ帝国のユスティニアヌス大帝によって編纂された『ローマ法大全』である。ローマ法は、中世・近代に受け継がれ、今日の我々の生活にも深い影響を及ぼしている。 ② は、1598年、フランスのユグノー戦争において、アンリ4世が発したもので、ユグノーと呼ばれる新教徒にも信教の自由を与えたものである。 ③ は、古代メソポタミアにおいて、ハンムラビ王が制定したもので、王は神の代理として統治し、刑法は「目には目を、歯には歯を」の復讐法が原則となっていた。

14

16世紀から19世紀末まで、北部インドを支配したイスラム王朝を ① という。 ① は、1526年、中央アジア出身のティムールの子孫バーブルが、カーブルを本拠にして北インドに進出し、パーニーパットの戦いでデリー＝スルタン朝最後のロディー朝に勝利して築いた王朝である。帝国の実質的な土台は、第3代アクバルによって築かれ、アウラングゼーブ帝の時代に最大の領土となり、その支配権はほぼインド全域に及んだ。

13
① 十二表法
② ナントの王令（ナントの勅令）
③ ハンムラビ法典

14
① ムガル帝国

15

14世紀以後、ヨーロッパにおいて思想・科学・芸術の領域で、人間性の自由・解放を求め、各人の個性を尊重しようとする文化運動が始まった。これを ① （「再生」の意味）といい、およそ14世紀から16世紀にわたって各地に広まった。文芸では、『神曲』を著した ② やボッカチオ、シェークスピアなどが活躍し、絵画ではシスティナ礼拝堂の「最後の審判」を描いた ③ や、レオナルド゠ダ゠ヴィンチ、科学では地動説を唱えた ④ 、活版印刷を創始した ⑤ などの人物が活躍した。

また、16世紀のヨーロッパで展開された一連のキリスト教改革運動を ⑥ という。1517年、 ⑦ が「95カ条の論題」を発表し、信仰のよりどころを聖書にのみ求めて、ローマ教皇の免罪符販売と教会の腐敗とを攻撃したことに始まり、たちまち全ヨーロッパに波及して、各地で紛争を巻き起こした。

16

1642年にイギリスで起きた、絶対王政を倒した市民革命を ① 革命（ ② 革命）という。 ③ 1世の専制政治に議会が反抗、内乱となり、議会派の ④ が国王派を破り、共和政を樹立した。

15
①ルネサンス
②ダンテ
③ミケランジェロ
④コペルニクス
⑤グーテンベルク
⑥宗教改革
⑦ルター

16
①清教徒
②ピューリタン
※①②は順不同
③チャールズ
④クロムウェル

48

17

18世紀、工業生産の様式を手工業から　①　工業に変え、資本主義の確立につながった　②　は、まず、広大な海外市場を確保していたイギリスで起こった。　②　は綿工業から他の産業部門に広がり、交通革命も伴った。その結果、「　③　」となったイギリスは自由貿易によって世界の市場形成に主導的役割を果たすことになった。技術革新は、まず綿工業の分野で、イングランド中西部の　④　を中心に始まった。ジョン゠ケイの飛び杼、ハーグリーブズのジェニー紡績機、アークライトの水力紡績機、クロンプトンのミュール紡績機の4大発明をはじめとしてさまざまな技術の発明がなされた。

18

1840 ～ 1842年の　①　戦争に勝利したイギリスが、中国（当時の清）に対して結ばせた条約を　②　という。イギリスの植民地であったインドで栽培された　①　の、清への密輸出に端を発する　①　戦争に敗北した清は、1842年、イギリスと屈辱的な条約である　②　を締結した。この条約で、清は多額の賠償金を支払うこと、　③　を割譲すること、上海などの開港を認め、翌年には、治外法権、関税自主権の放棄、最恵国待遇の承認なども余儀なくされた。その後、ほかの列強諸国も便乗して、清はアメリカやフランスとも同内容の条約を結んだ。

Answer

17

①機械制
（工場制機械）

②産業革命

③世界の工場

④マンチェスター

18

①アヘン

②南京条約

③香港

歴史 問題

49

19

1914年6月、ボスニアの州都サライェヴォで、オーストリアの皇太子がセルビア人の民族主義者に暗殺された。この事件をきっかけに、オーストリアは7月にドイツの支持を得てセルビアに宣戦する。一方、セルビア側にはロシアが支援を表明し、8月には、他の列強諸国も同盟・協商に従って参戦していくことで ① が勃発。ドイツ・オーストリア・イタリアの ② 国側とフランス・イギリス・ロシアの ③ 国側との戦いになった。この、初の世界大戦は、植民地・従属地域をめぐる列強間の帝国主義的な対立を背景とした、イギリスとドイツの覇権争いから始まったともいえる。

20

第一次世界大戦後の1919年、パリ郊外で、連合国とドイツとの ① 条約が調印された。この条約において、アメリカ大統領 ② の提唱によって、 ③ の設置が決まり、翌1920年に成立した。 ③ は、世界の恒久平和を目指す史上初の大規模な国際機構で、スイスの ④ に本部が置かれた。しかし、ドイツなど敗戦国と、ソヴィエト=ロシアは排除され、アメリカも国際的負担に反対する上院が ① 条約の批准を拒否したため、参加しなかった。

21

1920年代のアメリカは、第一次世界大戦によって発展した重工業への投資や帰還兵による消費の拡大、そして自動車工業の躍進などによって経済成長期にあった。しかし、農作物の過剰生産と、相次ぐ異常気象から農業不況が発生し、また大戦による欧州各国の購買力不足などにより、アメリカは生産過剰状態になっていた。そんな中、　①　年10月24日のニューヨーク株式市場の株価が暴落し、　②　を引き起こすこととなった。資本主義先進国は例外なく大きな影響を受け、植民地を持たない日本、ドイツ、イタリアなどではファシズムの台頭を招き、国際協調の破綻から、第二次世界大戦につながる出来事になった。

22

1929年に起きた世界恐慌に対して、イギリスやフランスのとった対策を　①　という。ポンド・フランなどの通貨を軸に経済圏を作り、他国の商品に高い関税を掛けて排除する　①　は、植民地との関係を深める排他的な政策であり、国際経済をますます縮小させ、弱体な中小諸国の経済を圧迫することになった。一方、アメリカは　②　大統領によって　③　と呼ばれる政策を行った。

21

① 1929
② 世界恐慌

歴史 問題

22

① ブロック経済
② ルーズヴェルト
③ ニューディール

23

1968年、当時のチェコスロヴァキアで起こった民主化を求める国民運動を ① という。共産党書記長になった改革派のドプチェクは、自由化を推進しようとしたが、ソ連および ② の4カ国軍がチェコスロヴァキアに軍事介入し、改革の動きは封じられた。この軍事介入によって、ソ連は国際的に非難され、東欧諸国の指導者としての威信を低下させた。以後、ソ連・東欧社会主義諸国の政治や経済は停滞した。

24

第二次世界大戦後の国際金融・経済協力体制の構築を目指して、1944年、連合国代表がアメリカの ① に集まり、 ② (IMF)、国際復興開発銀行（世界銀行）の設立に合意した。また貿易障壁を除去して世界貿易を促す「 ③ 」（GATT）も1947年に成立した。これらの諸制度は、いずれもアメリカのドルを ④ とした。しかし、ベトナム戦争の戦費や、社会政策費の増大、日本・西ヨーロッパの先進工業国の躍進などによって、アメリカの財政は悪化し、1971年、 ⑤ 大統領がドルの金兌換停止と10%の輸入課徴金の導入を発表し、 ⑥ として世界に衝撃を与え、 ① 国際経済体制は大きな転換点を迎えた。

23
①プラハの春
②ワルシャワ条約機構

24
①ブレトン=ウッズ
②国際通貨基金
③関税および貿易に関する一般協定
④基軸通貨
⑤ニクソン
⑥ドル=ショック

25

1950 〜 1960年代のアメリカ合衆国の黒人(アフリカ系アメリカ人)が ① の適用を求めて行った大衆運動を ① 運動という。具体的には、交通機関やレストラン、学校などで、それまで白人と黒人が分離されていたことや、黒人の選挙権の事実上の制限、住宅の制限などの撤廃を求めるものである。当時の ② 大統領は、 ① 運動にリベラルな対応をみせていたが、1963年に暗殺されると、その後を継いだ ③ によって、1964年7月に ④ が制定された。

その後、 ③ 政権下で、積極的に黒人の社会的、経済的地位を向上させるために、役所や企業、大学に黒人を優先的に採用することを義務付けた ⑤ 政策がとられた。しかし、黒人運動は、その指導者キング牧師が1968年に暗殺されると、それまでの平和的・合法的な運動から、過激な運動へと変化していくことになった。

Answer

25

① 公民権
② ケネディ
③ ジョンソン
④ 公民権法
⑤ アファーマ
　ティヴ=
　アクション

歴史　問題

26

元禄文化は、上方の豪商や ① が中心の文化である。代表作として近松門左衛門が50歳の時に発表した世話浄瑠璃『 ② 』が有名。化政文化では、社会を風刺する川柳や ③ が流行した。その他、代表作として ④ の『南総里見八犬伝』や ⑤ の『東海道中膝栗毛』がある。

27

三角貿易は、18世紀末から19世紀にかけてイギリスが行った中国・ ① ・イギリス本国間の貿易である。18世紀以降イギリスで喫茶の習慣が流行し、中国からの茶の輸入量が激増して大幅な輸入超過となり、代価として ② が一方的に中国へ流出した。これを是正する目的で、インド産のアヘンを中国へ、中国の茶をイギリス本国へ、本国の ③ 製品をインドへ運ぶ三角貿易を確立した。中国ではアヘン中毒者が急増したことから、1839年に広州で林則徐によるアヘン厳禁策が強行され、それに対してイギリスは自由主義をとなえて宣戦し、1840年アヘン戦争が勃発した。

26
①町民
②曽根崎心中
③狂歌
④滝沢馬琴
⑤十返舎一九

27
①インド
②銀
③綿

28

明治政府の外交に関する記述と関わった人物を
答えなさい。

1　　①　　は外相として、治外法権の撤廃と
　関税自主権の一部回復を内容とする日英通
　商航海条約の調印に成功した。
2　日清戦争後、日本全権の　①　及び
　　②　と清国全権の李鴻章との間で下関
　条約が結ばれた。
3　　③　　は条約改正交渉を促進するため、鹿
　鳴館で外交するなどの欧化政策をとった。
4　日露戦争後、日本全権の　④　はロシア
　全権のウィッテとの間で、アメリカのポー
　ツマスにおいて講和条約を結んだ。

29

次に挙げる人物と、関連の深い紛争を答えなさ
い。

1　ナイチンゲール ――― 　①　戦争
2　孫文 ―――――――― 　②　革命
3　ピョートル1世 ――― 　③　独立戦争
4　ジョージ・ワシントン
　　　　　　　　――――― 　④　独立戦争

Answer

28
①陸奥宗光
②伊藤博文
③井上馨
④小村寿太郎

29
①クリミア
②辛亥
③北方
④アメリカ

生　物

生物は、動物分野・植物分野に分けることができ、就職試験には、いずれの分野も出題される。分からない用語は、高校時代の教科書や用語集などで調べておく。その上で、簡単な問題集など（中学〜高校初級レベルもの）で練習する。

▶動物分野（一部植物を含む）

1　動物の特徴

肉食動物…犬歯が発達

草食動物…臼歯が発達

昆虫の口の形

　セミ…樹液を吸う／チョウ…花の蜜を吸う／トンボ…嚙む

2　動物の分類

■ 脊椎動物と無脊椎動物

脊椎動物 （背骨を持つ）	体温	変温…魚類、両生類、爬虫類
		恒温…鳥類、哺乳類
	呼吸	えら…魚類
		幼生はえら、成体は肺…両生類
		肺…爬虫類、鳥類、哺乳類
	増え方	卵生（水中に卵）…魚類、両生類
		卵生（陸上に卵）…爬虫類、鳥類
		胎生…哺乳類
無脊椎動物 （背骨を持たない）	節足動物	外骨格をもつ。昆虫類、クモ形類、甲殻類など
	軟体動物	殻をもつもの（アサリ、サザエなど）
		殻をもたないもの（イカ、タコなど）

| | その他の無脊椎動物 | キョクヒ動物（ウニ、ヒトデ、ナマコなど） |
| | | 環形動物（ミミズ、ゴカイ、ヒルなど） |

3 消化と吸収

消化酵素…アミラーゼ、ペプシン、リパーゼなど

消化された栄養分

デンプン→ブドウ糖、タンパク質→アミノ酸（以上、毛細血管へ入る）、脂肪→脂肪酸とグリセリン（リンパ管へ入る）

4 呼吸と血液

酸素と二酸化炭素が肺で交換される。動脈と静脈の役割。

■ 血液の成分とそのおもなはたらき

赤血球	酸素を運ぶヘモグロビンを含む
白血球	細菌などに対する食作用をもち、体を守る
血しょう	栄養分や老廃物を運ぶ

5 神経

感覚神経・運動神経

・反射…刺激が大脳まで伝わる前に、脊髄中で感覚神経から運動神経へ伝わり、意識とは無関係に反応すること。

6 動物の増え方

| 有性生殖 | 雄性と雌性の生殖細胞の受精によって子孫をつくる |
| 無性生殖 | ミドリムシの分裂、ヒドラなどの出芽など |

7 遺伝

・遺伝子……遺伝形質を決めるもとになるもの。遺伝子は細胞の核内に存在する染色体に含まれる。遺伝子の本体はDNA（デオキシリボ核酸）。

・減数分裂……生殖細胞をつくるときに起こる、染色体数が半分になる細胞分裂。これにより受精卵は体細胞と同じ染色体数になり、両親の遺伝子を半分ずつ持つことになる。

＊減数分裂では細胞分裂が連続して2回行われる。このうち、第

生物

57

一分裂が減数分裂で、第二分裂では染色体数は変わらない。

・遺伝の規則性→メンデルの法則

8 食物連鎖

生産者（緑色植物）／１次消費者（草食動物）／２次消費者（肉食
動物）／３次消費者（肉食動物）／分解者（細菌類など）

▶ 植物分野(一部動物を含む)

1 顕微鏡の使い方

顕微鏡の各部位の名称、使用方法

2 水中の小さな生物

植物性プランクトン （葉緑体をもち光合成をする）	ミカヅキモ、クロレラ、ツヅミモ、ハネケイソウ、クンショウモなど
動物性プランクトン （葉緑体をもたず移動する）	ミジンコ、アメーバ、ゾウリムシ、ラッパムシ ※ミドリムシは葉緑体をもつが、べん毛を使って動く

3 花のつくり

種子植物→裸子植物と被子植物がある。おしべの先端を「やく」とい
い、この中でつくられた花粉が、めしべの先端（柱頭）につくこ
とを受粉という。受粉ののち、胚珠は種子になる。

4 光合成

葉緑体を持つ植物が、光エネルギーを利用して、水と二酸化炭素か
ら有機物をつくるはたらき。光合成によって酸素ができる。

5 根・茎・葉のはたらき

・根……先端に根毛がある。

・茎……道管（導管）が集まった木部、師管が集まった師部があり、
  これらをあわせて維管束という。

  道管⇒根から吸収した水を通す。

  師管⇒光合成によって作られた栄養分を運ぶ。

・葉……表面に蒸散のはたらきをする気孔がある。細胞には光合成
  を行う葉緑体がある。

58

6 植物の種類と特徴

• 種子植物……花を咲かせ種子で増える。

• 胞子で増える植物……a 藻類　b コケ植物　c シダ植物

7 生物の細胞

• 細胞の構造……植物細胞も動物細胞も基本的には同じ。1個の核、内部には染色体。核のまわりに細胞質。表面は細胞膜。核と細胞質を合わせて原形質という。

＊植物細胞だけに見られる特徴⇒a 細胞壁　b 葉緑体

1個の細胞だけの生物を単細胞生物という（ゾウリムシ、アメーバ、ミカヅキモ、ミドリムシなど）

8 細胞分裂

生物は細胞分裂して成長する。

9 裸子植物の増え方

受粉／受精／受精卵／胚珠→種子

生物

1

オーストラリア人の生物学者 ① は、遺伝についての3法則を発見した。3法則とは「 ② の法則」、「 ③ の法則」、「 ④ の法則」のことで、近代遺伝学の出発点となった重要な法則である。それまで、遺伝形質は交雑とともに、液体のように混じり合っていくと考えられていた（ ⑤ 説）が、 ① はこれを否定し、遺伝形質は遺伝 ⑥ （遺伝子）によって受け継がれるという、 ⑥ 説を提唱した。

2

DNAは、遺伝子の本体である。その構造については、シャルガフの規則や、ウィルキンスのDNAのX線回折図を参考にして、1953年にワトソンとクリックが ① のモデルを発表した。DNAは、五炭糖・リン酸・塩基で構成される。塩基にはA（アデニン）、T（チミン）、G（グアニン）、C（シトシン）の4種類があり、五炭糖でつながった一本の鎖が、AとT、GとCの間で結合し、はしご状になり、らせん状にねじられた ① をしている。現在、ヒトをはじめとするさまざまな生物のDNAの全配列を調べ（ゲノムの解読）、遺伝子の働きの研究や医療に役立てる計画が世界規模で進められている。

Answer

1

①メンデル
②分離
③優性
④独立
※②③④は順不同
⑤融合
⑥粒子

2

①二重らせん構造

3

人間生活が自然環境に悪い影響を及ぼしている
ことがある。その一つとして、伐採や酸性雨を
原因とする森林の減少があげられる。このため、
植物に吸収される ① の量が減少し、大気
中の ① 濃度が高くなり、 ② により、
地球温暖化の原因となっていると考えられてい
る。また、森林の減少は、水質汚染、洪水など
の原因にもなっている。

4

地球の誕生は約 ① 年前、生物が登場した
のは約 ② 年くらい前と推測されている。古
生物の系統進化や地層の不整合などをもとにし
て決められた相対的な時代区分を地質時代とい
う。地質時代は、古い順に、 ③ ・古生代・
中生代・ ④ に分けられる。恐竜が繁栄し、
鳥類が出現したのは、中生代のうち、「ジュラ
紀」（約2億1000万～1億4000万年前）と
考えられる。

5

赤血球は核やミトコンドリアを持たず、内部に
① という呼吸色素が含まれていて、酸素
の運搬を行う細胞である。古くなった赤血球は
② や脾臓で破壊される。赤血球中の
① は、ヘム（色素体）とグロビン（タン
パク質）に分解されて、ヘムはビリルビン（胆
汁色素）になる。

生物　問題

Answer

3
①二酸化炭素
②温室効果

4
①46億
②38億
③先カンブリ
ア時代
④新生代

5
①ヘモグロビ
ン
②肝臓

6

心臓で血液が入って来るところを ① 、出て行くところを ② という。哺乳類と鳥類の心臓は、完全な ③ ④ で、動脈血と静脈血が混ざらずに体循環と肺循環が行われている。両生類は、 ③ ⑤ で、体内を回ってきた血液（静脈血・体循環）と肺を回ってきた血液（動脈血・肺循環）は、心室で混ざってから全身や肺に送られる。爬虫類の心臓は ③ ⑤ である。魚類の心臓は ⑥ ⑤ で、心室から出た血液はえらへ送られた後、全身を回って心房に戻る。

7

生物の個体または一対のものが、食物確保のためや繁殖のために、地域を独占することを、 ① 行動という。日本人が、古来、土地の所有権を表すために縄を張ったことに由来することばである。食物確保のための ① 行動をするものの代表的な例としては、アユがあげられる。アユは川の中の珪藻類（けいそう）を削って食べるが、一定の範囲を ① とし、ほかのアユが侵入すると体当たりをして阻止する。繁殖のための ① 行動をするものとしては、ゴクラクチョウ、テナガザルなどがあげられる。

6

①心房
②心室
③2心房
④2心室
⑤1心室
⑥1心房

7

①なわばり

8

ホルモンは内分泌腺と呼ばれる器官でつくられ、血液によってからだ全体に運ばれる。ホルモンはどの細胞にでも作用するものではなく、特定の細胞にだけ作用する。甲状腺から分泌され代謝の促進などの働きをする ① 、すい臓から分泌され血糖値を増加させる ② 、すい臓に存在するランゲルハンス島のβ細胞から分泌され、血糖値を減少させる ③ などがある。特に ③ は血糖値の恒常性維持に重要なホルモンで、血糖値を減少させるため、糖尿病の治療に用いられている。

9

節足動物は、節のあるあしをもち、からだをかたいクチクラ層の外骨格でおおわれていて、① 類、② 類、③ 類などに分類される。このうち ③ 類は、エビ、アミ、ミジンコなどの動物で、主に水中にすみ、えらで呼吸する。② 類は、ダニやサソリなど、① 類はトンボなどの動物である。

10

植物体内において、葉に送られた水の大部分は、水蒸気となって気孔から大気中へ出て行く。この働きを ① という。 ① が行われることによって植物は根から水を吸収し、道管を通してからだのすみずみまで送ることができる。

Answer

8
①チロキシン
②グルカゴン
③インスリン

9
①昆虫
②クモ
③甲殻

10
①蒸散

生物 問題

63

11

ヒトの耳の中で、からだの回転をつかさどる部位を ① という。 ① は、内耳にあって平衡感覚のうち回転加速度（からだの回転）を感知する器官である。内耳の前庭につながっている、半円形をした「前半規管」「後半規管」「外半規管」の総称である。この三つの半規管が約90度の角度で互いに傾いており、x軸、y軸、z軸のように、三次元的な回転運動を感知することができるしくみになっている。

12

動物の行動には、生まれつき備わっているもの（生得的行動）と、経験によって得られた学習によるもの（習得的行動）とがある。生得的行動の一つである ① とは、刺激に対して、体が近づいたり（正の ① ）、遠ざかったり（負の ① ）すること。多くの夜行性昆虫が、光を求めて近づいてくるのはその例である。月明かりを反射するものに集まって、雌雄の出会う機会を増やす目的と考えられる。その他、蚊やノミが人に近づくのは、温度の高い方に引き寄せられる熱 ① の例である。大人と子供では子供、男性と女性では女性に誘引されやすい。

11
①三半規管

12
①走性

13

動植物の細胞の ① は核（染色体・核膜・
核小体）・ ② （ミトコンドリア・葉緑体・
リボソーム・ゴルジ体・中心体）・細胞膜から成
り立っている。 ① とは、細胞の中にある
「生きている」と考えられる物質のことである。
細胞の活動によって作られた「生きていない」
物質、例えば細胞膜外の細胞壁や細胞膜内の脂
肪滴や、物質を貯蔵する液胞などは、 ③
と呼ぶ。

14

オスとメスの性に無関係に、親のからだが二つ
に分裂したり、親のからだの一部が分かれたり
して新しいからだができる増え方を ① と
いう。アメーバやミカヅキモなどの単細胞生物
は、親のからだが二つに分裂して増えるものが
多いが、多細胞生物にも、親のからだが分かれ
て新しい個体となる ① があり、植物のさ
し木やさし芽などはその例である。

15

① と水を材料にして、光のエネルギーを
使って糖と酸素を作ることを ② という。主
に、葉緑体のチラコイドの膜にあるクロロフィ
ルで行われる。 ② には青と赤の光が使わ
れる。 ① 量が少ないうちは、その量が多
くなるほど ② 量も多くなるが、ある濃度
以上になると、 ② 量はそれほど増えなく
なる。

生物　問題

16

植物の成長を促進させ、茎内を根の方向へ移動
する植物ホルモンを ① という。 ①
は、茎頂や根端の成長点で作られ、細胞の成長
を促進させる。濃度によって細胞の成長量が異
なるため、植物が曲がる屈性という性質が生じ
る。 ① は総称で、自然に存在するものに
はインドール酢酸、人工的に作られるものには
ナフタレン酢酸などがある。

17

① は、イギリスの物理学者・生物学者。
「 ① の法則」の発見者としても有名である。
1665年、コルクの切片を観察して細胞を発見
し、cell（細胞）と名づけ、著書『ミクログラ
フィア』で発表した。その後、19世紀になっ
て、「生物の構造と機能の基本単位は細胞であ
る」という細胞説が提唱され、そのうち植物細
胞についてはシュライデン、動物細胞について
は ② が提唱した。また、フィルヒョーは
「細胞は細胞から生じる」と、細胞説を補強した。

18

細胞小器官には動物・植物細胞共通のものと植
物細胞特有のものがある。動物細胞にはなく、植
物細胞に特徴的な細胞小器官としては、 ①
と葉緑体の二つが挙げられる。 ① は、セ
ルロースが主成分で、細胞の保護と支持がその
役割である。

19

体内に侵入して異物と認識され、一定の反応を引き起こす物質を ① といい、それを無力化するために体内で作られるものを ② という。予防接種は、無毒化・弱毒化した ① を接種することにより、あらかじめ体内に ② を作り、病気の発生を防ぐものである。

花粉など病原菌ではないものも、体内に入ると ① となり、花粉症などのアレルギー反応が表れることがある。

20

オス・メスの区別があって、植物であれば胞子や花粉、動物であれば卵や精子といった生殖細胞である ① 同士が合体することによって新しい個体を作る方法を ② という。
② の一つである ③ は、卵と精子の接合で、 ③ でできる接合子を ③ 卵という。なお、精子は小型で運動性のある ① 、卵は内部に栄養をたくわえた大型で運動性のない ① である。

Answer

19
①抗原
②抗体

20
①配偶子
②有性生殖
③受精

21

DNAは核内に存在し、　①　の本体といわれる物質で核酸の一種である。スイスのミーシャーがヒトの　②　から発見した。DNAのほとんどは核の中の染色体に存在し、体細胞の核1個に含まれるDNA量は、生物の種類によって一定である。また、個体の体細胞1個に含まれるDNA量は、　③　などを除いて、同じ生物のすべての体細胞で同じである。DNAは安定的な物質で、環境の変化による影響を受けにくい。

22

夜（暗期）の長さの変化によって生物現象が起こることを　①　という。長日植物＜ホウレンソウ、コムギ、アブラナ、ダイコンなど＞は、暗期が一定の長さ以下になると　②　が分化する植物であり、春から初夏が開花期になる。
一方、短日植物＜アサガオ、キク、コスモス、イネ、オナモミなど＞は、暗期が一定の長さ以上になると花芽が分化する植物で、夏から秋が開花期になる。
日長に関係なく花芽が分化する、　③　植物＜トマト、トウモロコシ、セイヨウタンポポなど＞もある。
これらの植物の性質を利用して、人工的に開花の調整を行うことができる。

23

1 呼吸は、　①　、　②　、　③　の
　三つの反応段階から成る。
　そのうち、　①　は細胞質基質で行われ
　る。　②　、　③　の反応はミトコン
　ドリアで行われる。ブドウ糖(グルコース)
　1分子を用いて、　①　で2ATP、
　②　で2ATP、　③　で34ATPが
　生成され、合計で38ATPが生成される。

2 細胞の構造のうち、　④　は細胞の中心
　であり、生命活動を支配すると共に、遺伝
　を担う。　④　以外の細胞質の中では、
　⑤　は主に動物細胞が持っており、細
　胞分裂時に紡錘体を形成する。

24

未熟なバナナをりんごと一緒に保管すると、バ
ナナの成熟が早められる。これは、りんごが植
物ホルモンの一種である　①　という物質を
出しているからである。　①　は植物の
　②　組織の破壊を誘導するため、果実の成
熟や軟化に関係する。

Answer

23
①解糖系
②クエン酸回路
③電子伝達系
④核
⑤中心体

24
①エチレン
②細胞膜

生物　問題

25

次の細胞に関する記述は何を説明しているか答えなさい。

1 　　①　　は、DNAから遺伝情報を転写されたRNAの遺伝暗号に従い、多数のアミノ酸をつなぎ合わせてタンパク質を合成する。

2 　　②　　は、細胞内の不要物質や異物の分解、細胞の自己分解を担う。

3 　　③　　は呼吸を担い、生命活動のエネルギーであるATP（アデノシン三リン酸）を生成する。

4 　　④　　は、細胞内でつくられた物質の貯蔵・分泌を担う。

5 　　⑤　　は、細胞内でつくられた物質の輸送を担う。

25

①リボソーム
②リソソーム
③ミトコンドリア
④ゴルジ体
⑤小胞体

26

ある形質が性染色体上の遺伝子によって発現する遺伝を ① という。

ヒトの場合、男性の性染色体は ② 、女性の性染色体は「XX」となっており、男性と女性でX染色体の数が異なるため、伴性遺伝では形質の現れ方が男女で異なる。女性はX染色体が ③ あるため、片方のX染色体が劣性でも、もう片方が優性ならば劣性の形質は発現しない。男性はX染色体が ④ しかないため、X染色体が劣性の場合、劣性の形質が発現する。

Answer

26

① 伴性遺伝
② XY
③ 2つ
④ 1つ

物　理

電流、仕事、エネルギーが頻出項目となる。基本的な法則や用語は、高校時代の教科書や用語集を利用して、主要なものだけでも確認しておく。

▶光と音

1　光の性質

光は空気や水など一様のものの中では直進する。鏡などの面で反射するときは、入射角と反射角は等しい。（反射の法則）

- 乱反射……光を出さない物体が見えるのは光の乱反射による
- 光の色……太陽光をプリズムに通すと赤〜紫の7色の帯状に分かれる。この帯をスペクトルという

2　凸レンズの働き

- 焦点と焦点距離（fで表す）
- 実像と虚像

凸レンズを通った光が実際に集まったもの→実像（倒立）

レンズを通して見たときの像→虚像（正立）

3　音の性質

物体が1秒間に振動する回数を振動数という。単位はHz（ヘルツ）。振動数が大きいほど音は高い。

- ドップラー効果……救急車などが通過するとき、近づいてくると実際の音よりも高く聞こえたり、遠ざかると低く聞こえたりする
- 音の速さ……空気中では気温15℃のとき、1秒間に約340m進む

▶力と圧力

1 力の表し方

- 力の大きさの単位……N（ニュートン）。1 Nは、質量約100g の物体にはたらく地球の重力の大きさ
- 力の3要素……力の大きさ、力の向き、作用点。図で表す時は、力 の大きさは矢印の長さ、力の向きは矢印の向き、作用点は矢印の 始点で表す

質量と重さの違い

- 質量……物体の持つ固有の量であり、常に同じ値を示す。単位は gやkg
- 重さ……物体にはたらく重力のこと。単位はN

2 力のつりあい、作用・反作用

- 2力のつりあいの条件……2力の大きさが等しい、2力が一直線 上にあり、向きが反対
- 抗力（垂直抗力）……物体が静止しているのは、重力と大きさが 同じで反対向きの力（＝抗力）がはたらいているから

3 圧力

単位面積あたりに垂直にはたらく力を、圧力という。圧力の単位 →Pa（パスカル）, hPa, N/㎡, N/㎠など。1Pa＝1N/㎡

■ 空気の圧力

空気の圧力を気圧（または大気圧）という。大気圧の大きさは、海 面上では約10N/㎠であり、これを1気圧という。

1気圧＝1013 hPa（ヘクトパスカル）＝約10N/㎠

▶電流と電圧

1 電流・電圧・抵抗

- 電流回路……電流が流れる道すじ。単に回路ともいう。

単位〔電流〕アンペア（記号A）、〔電圧〕ボルト（記号V）、〔抵抗〕 オーム（記号Ω）

2 直列回路と並列回路

直列	電流の道すじが枝分かれせず1列になっている回路。直列回路では、電流Iはどこでも等しく、各抵抗Rにかかる電圧Vの和は電源の電圧（全電圧）に等しい。
並列	電流の道すじが枝分かれして、再び合流する回路。各抵抗に流れる電流の和は全体の電流（全電流）に等しく、各抵抗にかかる電圧はそれぞれ等しい。

3 オームの法則

抵抗にかかる電流の大きさは、抵抗にかかる電圧に比例する。この関係をオームの法則という。

電流I〔A〕を流すのに、電圧V〔V〕がかかるとき、抵抗R〔Ω〕との間に次の式が成り立つ。

$$V = RI$$

4 長さと抵抗

抵抗の大きさは抵抗の長さに比例する。

5 断面積と抵抗

抵抗の大きさは抵抗の断面積に反比例する。

6 導体

導体	電気抵抗が小さく、電流を通しやすい物質。金属など。
不導体（絶縁体）	電気抵抗が大きく、電流が流れにくい物質。ガラス、ゴムなど。

▶ 電流と発熱

1 直流と交流

直流	一定の強さを持ち、流れる向きが変化しない電流（例：乾電池の電流）
交流	一定の時間で向きが逆転し、大きさも変化する電流（例：家庭用の電源による電流）

2 電流による発熱

■ 電力と発熱量

・電流と電圧の積を電力という。単位ワット〔W〕

　電力P〔W〕＝電圧V〔V〕×電流I〔A〕

■ ジュールの法則

電流による発熱量は電力と時間に比例し、単位はジュール〔J〕を用いる。時間の単位は〔秒〕。

発熱量Q〔J〕＝P〔W〕×t〔秒〕＝VIt

3 電力量

単位時間（1時間、1秒間など）に消費される電力を電力量という。
単位はワット時〔Wh〕、キロワット時〔kWh〕。

- 電力量〔Wh〕＝電力〔W〕×時間〔h〕
- 電力量＝Pt＝VIt
- 1W秒＝1J　1000Wh＝1kWh

物体の運動

1 運動の表し方

運動している物体の一定時間に進む距離を速さという。

- 速さ〔m／秒〕＝物体の移動した距離S〔m〕／移動に要した時間t〔秒〕

2 平均の速さ

移動した距離をかかった時間全体で割った値。

力のはたらかない運動

1 等速直線運動

直線上を一定の速さで動く運動

移動距離〔cm〕＝速さ〔cm／秒〕×経過時間〔秒〕

2 慣性の法則

物体に力がはたらかない（または力がつりあっている）とき、はじめ静止していた物体は静止し続け、運動していた物体は等速直線運動を続ける。すべての物体は慣性を持っている。

 # エネルギー

1 エネルギー

他の物体の状態を変化させる能力。単位：ジュール〔J〕

位置エネルギー	高い位置から落下できるときのエネルギー。
弾性エネルギー	引き伸ばされた、または押し縮められたばねが、もとの長さにもどろうとする力（弾性）。
運動エネルギー	運動している物体は、他の物体と衝突するときなどに他の物体を変形させたりこわしたりできる。

2 仕事

・仕事〔J〕＝力の大きさ〔N〕×力の向きに動いた距離〔m〕

（例：ある物体を5Nの力で引いて2m動かしたとき、仕事＝5〔N〕×2〔m〕＝10〔J〕）

■ 仕事率

単位時間あたりにする仕事の大きさ。単位：ワット〔W〕。

・仕事率〔W〕＝仕事〔J〕÷時間〔秒〕

3 エネルギーの移り変わり

■ 力学的エネルギー保存の法則

位置エネルギーと運動エネルギーを合わせて力学的エネルギーという。物体の持つ力学的エネルギーは、摩擦や空気抵抗がない限り、常に一定に保たれる。

■ 各種のエネルギー

①電気エネルギー、②熱エネルギー、③光エネルギー、④化学エネルギー、⑤原子力エネルギー、⑥音エネルギー

生活のために消費するエネルギーの大半は、熱放射などによって地球に降りそそぐ太陽のエネルギーがいろいろな形に変化したものである。

■ エネルギー保存の法則

エネルギーがいろいろな姿に移り変わっても、エネルギーの総和は一定に保たれる。

1

① 温度0〔K〕（ゼロケルビン）は、 ① 零度のことで、物質における温度の下限（これ以下に下がることがない温度）を示す。 ② 度（ ③ ）では−273.15℃である。日常生活で使われている温度は ② 度で、1気圧の下で水が氷になる温度を0℃、水が沸騰する温度を100℃と定めている。

2

質量は、物体の持つ固有の量であり、常に同じ値を示す。単位には ① や ② を用いる。質量は上皿天秤などで測定する。これに対して重さは物体に働く重力のことで、単位は ③ を用いる。1 ③ は、質量約 ④ の物体に働く地球の重力の大きさである。 ⑤ は圧力の単位である。

3

アイザック・ニュートンが創始した一連の物理法則を ① という。 ① では、物体は質点及び質量を持った数学的な点の集まりとして扱われる。第一法則は ② とも呼ばれ、外力が加わらなければ、質点はその運動または静止状態を維持する（力を加えられない質点は、 ③ 運動を行う）というものである。なお、第二法則はニュートンの ④ 、第三法則は ⑤ の法則といわれる。

Answer

1
①絶対
②セルシウス
③摂氏

2
①グラム（g）
②キログラム（kg）
※①②は順不同
③ニュートン（N）
④100g
⑤パスカル（Pa）

3
①ニュートン力学
②慣性の法則
③等速直線
④運動方程式
⑤作用・反作用

物理 問題

4

力の働きは、大きさ、　①　、　②　の三つによって決まり、この三つを力の3要素という。ばねに力を加えて、下向きに引く場合、ばねに加える力の大きさが異なれば、ばねの伸びも異なる。また、物体に同じ大きさの力を加えても、加える力の　①　が異なると物体の動きは違ってくる。さらに、力の働く点を　②　という。例えば、積木に同じ　①　に同じ大きさの力を加える時、積木の真ん中を押すとまっすぐ動くが、端を押すと回りながら動く。力の　②　が異なると、力の働きも違うことが分かる。

5

つるまきばねに分銅をつるすとき、ばねの伸びと分銅の重さが比例する。この関係はほかの変形にも当てはまり、　①　限界内では、　①　体の変形と加えた力とは比例する。これを　②　という。　②　は17世紀に発見された。金属のばねやゴムの棒に力を加え、伸ばしたり縮めたりして変形させると、元の長さに戻ろうとする力（復元力）が生じる。復元力から生じる性質を　①　という。　②　は、つるまきばねなどの他に、板や棒の曲げなど、伸縮以外の変形にも当てはまる。

Answer

4
①向き
②作用点

5
①弾性
②フックの法則

6

電圧計は、電圧の大きさを計る計器であり、
　①　用と　②　用とがある。また、測定
する電圧の大きさによって、－端子の接続位置
を変えたり、スイッチを変えたりして測定範囲
を決めるものが多い。電圧計の内部には大きな
抵抗が入っているので、　③　につなぐと回
路に電流がほとんど流れなくなる。

7

　①　は、　②　に対して、時間とともに
周期的に振幅が変化し、方向が変わる電流のこ
とである。　①　の特徴は、「変圧が容易であ
ること」、「モーターには整流器が不要なこと」
などが挙げられる。通常、一般家庭に送電され
ているのは　①　であり、家庭用電源を使用
する電化製品は　①　電源に対応している。

8

　①　は、流体の流れの速度と音速との比で
ある。流体速度の持つ運動エネルギーと内部エ
ネルギーの比率を表すので、厳密には単位では
ないが、一般には音速を1とする速度の単位と
して使用されている。　②　は電荷の単位、
　③　は電流の単位、キロワット時は　④
の単位、オームは　⑤　の単位である。

6
①直流
②交流
③直列

7
①交流
②直流

物理　問題

8
①マッハ(数)
②クーロン
③アンペア
④電力量
⑤電気抵抗

9

ある金属線に流れる電流の強さと、加えた電圧の大きさとの間に成り立つ関係を示す法則を ① の法則という。 ① の法則は、1826年、ドイツの物理学者 ① によって発表された。金属線を流れる電流の強さI〔A〕は、電圧V〔V〕に比例するというものである。直流回路の場合、抵抗をR〔Ω〕とすると、V=RIとなる。電気工学で最も有名・有用な法則である。他に有名な法則としては、 ② の法則がある。これは、電気抵抗R〔Ω〕の物体に、I〔A〕の電流をt秒間流したときに発生する熱量（ ③ ）H〔J〕は、H＝VItとなるというもの。

10

電流×電圧×時間＝電力×時間を ① と呼ぶ。 ① は、ある時間に消費する電力のエネルギーを表す。いわゆる電力料金は、 ① によって決められている。 ① の単位はワット時（記号Wh）またはキロワット時（記号kWh）を用いる。1kWhとは、1kWの電力を1時間使った時の ① である。100V・400Wの電熱器を5時間使ったときの消費 ① は、 ② ×5(h)＝ ③ kWhである。

9
①オーム
②ジュール
③ジュール熱

10
①電力量
②400（W）
③2.0

11

電気をよく通す物体のことを ① という。金属は ① の一つであるが、これは金属中にどの原子にも属さず、自由に移動することのできる ② があり、この ② の移動によって電気が伝えられるからである。電気を通しにくい物質を ③ という。ガラスやエボナイトなどは ③ で、これらの物質の中の電子はすべて原子や分子に束縛されていて自由に動くことが困難なので、電気を伝えにくい。

① と ③ の中間的性質を持つ物質を ④ という。

12

磁石を熱すると、ある温度以上で急に磁石としての性質を失うが、この温度を ① という。強磁性体が常磁性体に、また強誘電体が常誘電体に変化する転移温度である。 ① というのは、その発見者であるフランスの物理学者ピエール・キュリーにちなんだものである。彼は、妻のマリーとともに、ラジウムやポロニウム発見に尽力し、1903年には夫婦でノーベル物理学賞を受賞している。

Answer

11
① 導体
② 電子
（自由電子）
③ 絶縁体（不導体）
④ 半導体

12
① キュリー点
（キュリー温度）

物理 問題

13

毛皮でこすったエボナイト棒や、絹布でこすったガラス棒は、軽い物体を引きつける。これは、これらの棒に ① が生じているためである。このように、物体に ① が生じているとき、その物体は ② しているといい、その物体を ③ という。また、このときの ① は、物体の表面で静止しているので、 ④ といわれる。これら二つの ③ の間に働く ④ の大きさに関して、「二つの電荷の間に働く ④ 力の大きさは、それぞれの電荷が持つ ① 量の積に比例し、二つの電荷の間の距離の2乗に反比例する」という法則を ⑤ という。

14

空気中を伝わる音の速さは、気温の変化に影響を受ける。一般に気温が高いと音の伝わる速さ（音速）は ① なる。気温を t〔℃〕として、音速 v〔m/秒〕を求める時、次の式が成り立つ。

〈音速を求める公式〉

$v =$ ② $+$ ③ t

この公式により、気温30℃の時、空気中を伝わる音の速さ（音速）は、

② $+$ ③ $× 30 = 349.5$〔m/秒〕

となる。

13
①電気
②帯電
③帯電体
④静電気
⑤クーロンの法則

14
①速く
②331.5
③0.6

82

15

音は、物体の振動のうち、周波数が人間の可聴域にあるものをいう。音の3要素は、 ① ・高さ・ ② である。音の ① は、音波のエネルギーの強さで、音波の振幅の2乗に比例する。したがって振幅が大きければ、音は ③ なる。音の高さは、音波の ④ の大小による。人がふつう聞くことができる音波の ④ は、およそ20 ～ 20000ヘルツで、これよりも大きい ④ の音は ⑤ という。また、同じ高さ、同じ強さの音でも、楽器が異なると感じ方が違う。この違いを ② という。 ② の違いは、音波の波形の違いによる。

16

二つの音叉(おんさ)を向かい合わせて置き、一方を鳴らすと他方も鳴り出す現象を ① という。すべての物体は、その材質・形・大きさによりその物体固有の振動数の音を出す。このような、その物体固有の振動数のことを ② という。一方の音叉を鳴らすと、他方の音叉も鳴り出すのは、二つの音叉の ② が ③ 場合である。 ② が ④ と、 ① は起こらない。

Answer

15
①強さ
②音色
③強く
④振動数
⑤超音波

16
①共鳴(共振)
②固有振動数
③等しい
④異なる

物理 問題

83

17

　　①　とは、物体が排除した流体（液体や気体）に働いていた重力（つまり、重さ）の分だけ重力と反対の向きに力を受けることをいう。例えば、同じ重さのコインとプラスチック製のコップとでは、体積が違うので、「排除する流体（たとえば水）」の量が異なり、　①　も異なることになる。また、海水と淡水とでは、同じ体積でも重さが異なるので、　①　も異なることになる。「海のほうがプールよりも体が浮く」という経験はこれによる。

18

人の目に感じる光を　①　という。光の色は　②　によって異なり、　②　の短いほうから、紫、藍、青、緑、黄、橙、赤と並び、連続的に変化する。紫より　②　の短い光を　③　、赤より　②　の長い光を　④　という。光の屈折率は　②　によって異なり、　②　の短い光ほど屈折率が大きい。

17
①浮力

18
①可視光線
②波長
③紫外線
④赤外線

19

光は ① と ② の二重性を持っている。光は古くから波として考えられていた（ ① ）が、アインシュタインは光量子というエネルギーを持った粒子であるという説（ ③ ）を提唱した。光が波動であることを強調する場合は光波と呼び、反射・屈折・回折などの現象が見られる。粒子であることを強調する場合は光子と呼ぶ。光子は電磁場の量子化によって現れる量子の一つで、電磁相互作用を媒介する。

20

波（音波・光波・電波など）の発生源と観測者との相対的な速度によって、波の周波数が異なって観測される現象のことを ① 効果という。発生源が近づく場合には波の振動が詰められて、周波数が ② なり、逆に遠ざかる場合は振動が伸ばされて ③ なる。音についてのこの現象は古くから知られていたが、オーストリアの物理学者 ① が速度と周波数の間の数学的な関係式を見出し、実験によって実証したことから名付けられている。救急車が近づくときにはサイレンの音が高く聞こえ、遠ざかるときには低く聞こえる現象は ① 効果によるものである。

19
①波動性
②粒子性
③粒子説

20
①ドップラー
②大きく
③小さく

物理　問題

21

光源からレンズの中心までの距離を a、レンズの中心から像までの距離を b、焦点距離を f とした時、次の式が成り立つ。

〈レンズの公式〉

$$\frac{1}{a} + \frac{1}{b} = \frac{1}{f}$$

凸レンズ：f＞0   凹レンズ：f＜0
実像 b＞0   虚像：b＜0

焦点距離0.20mの薄い凸レンズがある。レンズから距離0.15mの光軸上に置かれた大きさ5.0cmの物体の像についてレンズからbの位置に像ができるとすれば、レンズの式より、

$$\frac{1}{\boxed{①}} + \frac{1}{b} = \frac{1}{\boxed{②}}$$

よって

$$\frac{1}{b} = \frac{1}{\boxed{②}} - \frac{1}{\boxed{①}}$$

ゆえに、b＝－0.60〔m〕となる。
したがって、レンズから物体側に　　③　　cm の位置に虚像ができる。

22

光をプリズムに通すと、いろいろな色の光に分かれる。この現象を光の　①　という。いろいろな色（波長）の光を混ぜると　②　色になる。また、一つの波長からなる光を　③　光という。光を　①　させると、波長の長さの順番に並んだ色の帯ができる。この色の帯を　④　という。日光はあらゆる波長の光を含んでいる。このような光はプリズムに通すと、連続的な虹色の模様になる。そこで、このような光の　④　を連続　④　と呼ぶ。また、ナトリウムや水素、ネオンなどの　④　は細い線の集まりで、線　④　と呼ぶ。

23

原子は中心に原子核があり、そのまわりをいくつかの電子がとりまいた構造をもっている。原子核はふつう陽子と中性子から構成される。陽子は　①　電荷をもつが、中性子には電荷がないので、原子核は全体として　①　電荷を帯びる。原子核をとりまく電子の数は陽子の数に等しく、電子のもつ電荷は陽子の電荷と絶対値が等しく、符号が逆なので、原子は電気的に中性である。元素の種類により決まっている原子核に含まれる陽子の数は原子番号と同じである。同一の原子でその原子核に含まれる中性子の数が異なる場合、これらを　②　という。原子核に含まれる陽子の数と中性子の数の和を　③　という。

Answer

22
①分散
②白
③単色
④スペクトル

23
①正
②同位体
③質量数

物理 問題

24

豆電球を ① つなぎにした場合、豆電球の
数が増えても1個の明るさは変わらない。ただ
し、電池につないだとすれば、電池の消耗が早
くなる。一方、 ② つなぎにした場合、電
圧を変えなければ、豆電球の数を増やせば増や
すほど、1個の明るさは ③ なる。

25

1   ① は、2枚の導体を絶縁して向かい
    合わせ、電圧を加えて多量の電荷を蓄える。
2   ② は、電流の増幅作用を持つ半導体
    素子である。
3   ③ は、一方向だけに電流を流す整流
    作用を持つ半導体素子である。
4   ④ は、交流電圧を変換する装置であ
    る。
5   ⑤ は、陰極線を発生させる放電管で
    ある。

Answer

24

①並列
②直列
③暗く

25

①コンデンサー
②トランジスタ
③ダイオード
④変圧器
⑤クルックス管

26

光（電磁波）の現象の中で、　①　は、太陽光などの白色光をプリズムに通すと、光の波長ごとに赤、橙、黄、緑、青、藍、紫の光に分かれることである。音波には　①　の現象はない。

　②　、　③　、回折、干渉は、音波と光（電磁波）で共通の現象である。

　②　は、波が異なる媒質の境界面で跳ね返る現象である。　③　は、波が異なる媒質の境界面で進行方向が折れ曲がる現象である。回折は、波が障害物の　④　へ回り込む現象である。干渉は、2つの　⑤　が重なり合って振動を互いに強め合ったり打ち消し合ったりする現象である。

物理　問題

化 学

👉 ここが POINT

日常生活になじみのある気体や化学変化などを扱う。中学や高校で学習した内容のうち、基本的なものを復習しておく。

身のまわりの物質

1 物質

物を、名前でなく、作られている材料に注目するときは「物質」という。

2 有機物と無機物

燃やすと二酸化炭素を発生する物質を有機物という（ex：砂糖、木材、ナフタレンなど）。二酸化炭素を発生しない物質を無機物という（ex：鉄、ガラス、食塩など）。

3 無機物の分類

金属	表面に光沢があり、たたくとのびる。電気・熱を通しやすい
非金属	金属以外の物質。炭素は電気を通すが非金属である

4 気体の発生法と性質

水素	亜鉛に塩酸を加える。色・においがなく、空気より非常に軽い。気体そのものが燃える（可燃性）
酸素	二酸化マンガンに過酸化水素水を加える。色やにおいはなく、空気より少し重い。ものを燃やす働きがある（助燃性）
二酸化炭素	石灰石や貝がらに希塩酸を加える。色・においはなく、空気より重い。水に少し溶け、酸性を示す。石灰水を白濁させる
アンモニア	塩化アンモニウムと水酸化カルシウムの混合液を加熱する。色はなく、刺激臭があり、空気より軽い。水によく溶け、アルカリ性を示す

5 気体の集め方

水上置換法	水に溶けにくい気体。酸素、水素、窒素など
上方置換法	水に溶けやすく、空気より軽い気体。アンモニアなど
下方置換法	水に溶けやすく、空気より重い気体。塩化水素など

▶水溶液と中和

1 水に溶ける物質の量

溶解度	一定量の水に溶かすことができる物質の限界の量。ふつう100gの水に溶ける物質質量（g）で表す。これをグラフで表したものを溶解度曲線という
飽和	一定量の水に物質がそれ以上溶けきれなくなった状態。この状態にある水溶液を飽和水溶液という
結晶	原子や分子が規則正しく並んだ固体
再結晶	物質を一度水に溶かしてから再び結晶として取り出すこと

2 酸性とアルカリ性

(1) 酸性の水溶液

- 青色リトマス紙を赤色に変える。
- 緑色にしたBTB溶液を黄色に変える。
- マグネシウムやアルミニウムなどの金属を溶かし、水素を発生する。塩酸、硫酸、レモン汁、食酢など。

(2) アルカリ性の水溶液

- 赤色リトマス紙を青色に変える。
- 緑色にしたBTB溶液を青色に変える。
- 無色のフェノールフタレイン溶液を加えると赤色に変化する。水酸化ナトリウム水溶液、アンモニア水など。

(3) 中和

酸性の水溶液とアルカリ性の水溶液が互いの性質を打ち消し合う反応。塩を生じる。

酸＋アルカリ→塩（えん）＋水

物質の状態変化

1 状態変化と温度

物質が温度によって固体・液体・気体と変わっていくことを状態変化という。

> 固体→液体…融解／液体→固体…凝固／液体→気体…蒸発
>
> 気体→液体…凝縮／固体→気体…昇華／気体→固体…昇華

融点	固体を加熱していくと液体になる温度。純粋な物質の融点は物質によって決まっている。水…0℃、パルミチン酸…63℃
沸点	液体が沸騰して気体に変化する温度。水…100℃、エタノール…78℃
沸騰と蒸発の違い	沸騰…液体を加熱したとき、液体の内部から気体が発生する現象。蒸発…液体の表面から気体の発生する現象

2 純粋な物質と混合物

純粋な物質	水や鉄、酸素など1種類の物質だけでできている物質
混合物	食塩水や空気などいくつかの物質が混ざり合っている物質
蒸留	沸点の違う物質の混合物を熱して、出てきた気体を冷やして物質を分離する方法
水とエタノールの分離	混合物を加熱していくと、まず沸点の低いエタノールを多く含む気体が出てくる。その後水蒸気を多く含む気体が出てくる。蒸留を行うときは、突然の沸騰を防ぐために、沸騰石を入れる

化学変化

1 化学変化

もとの物質と性質の違う別の物質ができる変化。原子の組み合わせが変化する（「状態変化」では、原子の組み合わせは変化せず、原子や分子の集まり方が変化する）。

2 分解

熱分解	加熱によって分解する。（例）炭酸水素ナトリウム→炭酸ナトリウム＋二酸化炭素＋水
電気分解	電流を流して分解する。（例）水→水素（陰極）＋酸素（陽極）発生する体積比は2：1
単体と化合物	単体…1種類の原子からできている物質。水素、酸素、銅、鉄など。化合物…2種類以上の原子でできている物質。水、酸化銀、塩化銅など

原子・分子

1 原子

物質をつくるもととなる、化学的にはそれ以上分けられない粒。原子の種類は約100種類。

> **おもな原子記号**
> 水素H、炭素C、窒素N、酸素O、ナトリウムNa、マグネシウムMg、アルミニウムAl、硫黄S、塩素Cl、カリウムK、カルシウムCa、鉄Fe、銅Cu、亜鉛Zn、銀Ag、金Au

2 分子

原子がいくつか結びついてできた、物質の単位となる粒。

（例）水素分子…水素原子が2個結びついている。

3 化学変化を表す式

化学式	水　H_2O　水素原子が2個、酸素原子が1個
化学反応式	水の分解の化学反応式　$2H_2O \rightarrow 2H_2 + O_2$
おもな物質の化学式	酸素O_2、水H_2O、塩化水素HCl、硝酸HNO_3、硫酸H_2SO_4、アンモニアNH_3、塩素Cl_2、二酸化炭素CO_2、塩化ナトリウム$NaCl$、塩化カルシウム$CaCl_2$、水酸化ナトリウム$NaOH$

化学変化と質量

質量保存の法則

物質が化学変化をするとき、化学変化の前後で、その変化に関係し

化学

ている物質全体の質量は変わらない（化学変化では、物質をつくる
原子の組み合わせは変わるが、原子の種類や数が変わらないため、質
量保存の法則が成り立つ）。

▶ 化学変化とエネルギー

1 酸化

物質が酸素と化合すること。（例）鉄の酸化　鉄＋酸素→酸化鉄

(1) 酸化物の質量は、もとの物質の質量よりも増加する。酸化物に
はもとの物質の性質はない。

(2) もとの物質と化合する酸素の質量の比は一定になる。

（例）マグネシウムの酸化→

マグネシウムの質量：酸素の質量＝３：２

2 燃焼と錆び

(1) 燃焼……光や熱を伴う激しい酸化

(2) 錆……金属が空気中で少しずつ酸化してできた物質

3 還元

酸化物から酸素が取り除かれる化学変化。

（例）酸化銅を炭素で還元……酸化銅＋炭素→銅＋二酸化炭素

4 化学変化とエネルギー

(1) 温度の上がる化学変化（発熱反応）

（例）鉄と酸素の化合

鉄＋酸素→酸化鉄＋熱エネルギー（化学カイロに利用）

(2) 温度が下がる化学反応（吸熱反応）

（例）水酸化バリウムと塩化アンモニウムの化合

水酸化バリウム＋塩化アンモニウム＋熱エネルギー→塩化バリウ
ム＋アンモニア＋水

5 化学変化と電気エネルギー

(1) 電池（化学電池）……うすい塩酸に亜鉛板と銅板を入れると電
流が流れる

(2) 燃料電池……水素と酸素が化合するときの化学エネルギーから
電気エネルギーを取り出す装置

1

　　① 　は、工業的には石灰石を強く熱して生産される。実験レベルでは、石灰石に薄い塩酸を加えるか、炭酸水素ナトリウムを加熱することで得られる。　② 　は銅と濃硝酸の反応から、　③ 　は水とカーバイドから、　④ 　は塩酸と二酸化マンガンから、　⑤ 　は食塩（塩化ナトリウム）と濃硫酸から得ることができる。

2

酸素と化合しているある物質が、酸素を失う化学変化を　① 　という。物質が酸素と化合した時、その物質は　② 　されたという。例えば、各々次のような化学反応式で表すことができる。

$2Cu + O_2 \rightarrow$ 　③

（Cuが　② 　された）

$CuO + H_2 \rightarrow Cu +$ 　④

（CuOが　① 　された）

この他、物質が水素を失う変化を　② 　、逆にある物質が水素と化合する変化を　① 　という。また、原子が電子を失う変化を　② 　、原子が電子を受け取る変化を　① 　という。

化学 問題

3

熱や光を出しながら激しく進む酸化を　①　という。例えば、マグネシウムリボンを加熱すると、熱・光を出して燃焼し、白色の　②　になる。これは、$2Mg + O_2 \rightarrow$　③　（＋熱・光）という反応式で表される。

4

1種類の物質が2種類以上の別の物質に分かれる化学変化を　①　という。加熱による　①　（例：炭酸水素ナトリウムを加熱すると白い粉末の炭酸ナトリウムと、水、二酸化炭素に　①　される）と、物質に電流を流す電気　①　（例：水を電気　①　すると水素と酸素になる）とがある。一方、2種類以上の物質が結びつき、性質の違う別の1種類の物質ができることを　②　という。

5

　①　は、酸素の　②　で空気中に微量存在している。生臭いような特異臭があり、酸化力が強く、殺菌・漂白作用がある。分子式は　③　である。地球を取り巻く　④　は、有害な紫外線から生物を保護する役割をしているが、フロンなどの化学物質による　④　の破壊により、健康への影響や環境問題が引き起こされている。

6

「化学反応の前後において、物質全体の ① は変わらない」という法則を ② の法則という。1774年、フランスの化学者ラボアジエが元素の概念とともに提唱した。

7

① （H₂）は ② （Zn）に ③ （H₂SO₄）を加えるとできる。無色無臭で最も ④ 気体で、 ⑤ に溶けにくい。空気中でよく燃え、高温で強い還元作用を示す。

8

① は水酸化ナトリウムを製造するために、食塩水を電気分解する過程で大量に発生する。強い ② 作用と ③ 作用を持つ。

9

黒鉛とダイヤモンドや、酸素とオゾンのように、物質を構成する ① は同じでも性質の異なるものを互いに ② という。また、陽子の数が同じであるが、中性子の数が違うために質量が異なるものを、互いに ③ であるという。

6
①質量
②質量保存

7
①水素
②亜鉛
③希硫酸
④軽い
⑤水

8
①塩素
②漂白
③殺菌
※②③は順不同

9
①原子
②同素体
③同位体

化学　問題

10

無色の液体に ① を加えると、アルカリ性の時は ② に変化するが、中性・酸性の時は ③ のままである。

11

気体の集め方には、 ① 置換法、 ② 置換法、 ③ 置換法などがある。アンモニアは、水によく溶けるので、 ① 置換はできない。また、空気より軽いので、 ② 置換が適している。水素と酸素は水に溶けにくいので ① 置換法、水に溶けて空気より重い二酸化炭素や塩素は ③ 置換法で集める。

12

① は、酸にも塩基にも溶ける両性元素の一つである。 ① の元素記号はAlである。① は、ボーキサイトを精製して得られる。また、 ① は、濃硫酸や濃硝酸には不動態（表面に緻密な酸化被膜ができること）になって、溶けない。

10

①フェノールフタレイン溶液
②赤色
③無色

11

①水上
②上方
③下方

12

①アルミニウム

98

13

亜鉛と希硫酸を反応させることで得られる気体は ① である。 ② は、酸化マンガンと濃塩酸を反応させる、またはさらし粉と塩酸を反応させることで得られる。石灰石に薄い塩酸を加えて発生する気体は ③ である。 ③ は、ベーキングパウダーを加熱したり、ベーキングパウダーに食酢を加えたりすると発生する。酸化銀を加熱したりオキシドールに二酸化マンガンを加えると ④ が発生する。

14

① とは、物質を元素の記号と数字を使って表した式である。 ① から、物質を作っている元素の種類がわかる。 ① の例として、 ② は HCl、 ③ は HNO₃、 ④ は CaCl₂、 ⑤ は NaOH、 ⑥ は NH₃ である。

15

① (固体から液体になる温度)や ② (液体から気体になる温度)、密度など性質が一定で1種類の物質とみなせるような単一の物質を ③ といい、水、食塩、二酸化炭素などがこれにあてはまる。2種類以上の ③ が混ざり合ってできた物質を ④ という。 ④ の ① や ② は濃度などによって異なるため、一定ではない。食塩水、アンモニア水、ガソリンなどが ④ である。

13

①水素
②塩素
③二酸化炭素
④酸素

14

①化学式
②塩化水素
③硝酸
④塩化カルシウム
⑤水酸化ナトリウム
⑥アンモニア

15

①融点
②沸点
③純粋な物質
④混合物

化学 問題

99

16

2種類以上の物質が結びついて別の新しい物質ができる化学変化を ① という。この時、新しくできた物質は初めの物質とは別の性質を持つ。鉄と硫黄の ① においては、反応前の鉄粉と硫黄の粉末をよく混ぜ合わせたものは、灰色で磁石に引きつけられ、薄い酸で水素を発生させるが、熱して反応させると黒色に変化し、磁石には引きつけられず、酸で硫化水素を発生させて悪臭がする。鉄と硫黄が反応してできた ② は、鉄の性質も硫黄の性質も残さない別の物質になる。

17

① は ② や ③ の伝導性が高く、密度の大きい、比較的展延性もある金属である。この特徴を生かして電線や調理器具として用いられる。

18

現在、携帯用暖房具の主流となっている化学カイロは、1978年に初めて登場した。不織布や紙の袋に鉄粉を入れたものが一般的である。通常、触媒として塩や水なども入れられている。 ① が空気中の酸素で ② される時に熱を発生することを利用したものである。

19

　① エネルギーを ② エネルギーに変換して、電流を取り出す装置を電池という。電池は、イオン化傾向の異なる2種類の金属を電解質水溶液に浸したものである。イオン化傾向の ③ ほうの金属を負極、 ④ ほうの金属を正極といい、負極では金属がイオン化して電子を残し、正極ではこの電子を消費する反応が起こる。また、電池の両極間に生じる電圧を起電力という。電池には、ダニエル電池、乾電池、鉛蓄電池などがある。

20

電解質の固体を加熱・融解して液体にし、それを電気分解する方法を、 ① という。主に、ナトリウムやアルミニウムなど、イオン化傾向が非常に ② 金属の精製に用いられる。ボーキサイトから得た酸化アルミニウムを融点の低いアルミニウム塩である氷晶石を加えて加熱・融解し、両極に炭素を用いて電気分解すると、陰極で融解したアルミニウムが得られる。

19
①化学
②電気
③大きい
④小さい

20
①融解塩電解
②大きい

化学　問題

21

ケルビンは熱力学温度（ ① ）の単位である。温度は物質の熱振動によって決まるため、この熱振動が最小になった状態の下限が存在する。この温度のことを ② という。0Kと書き、ゼロ ③ と読む。摂氏では ④ ℃である。

22

コロイド溶液とは、直径が10^{-9}m～10^{-7}m 程度の比較的大きい粒子が分散した液体である。例として牛乳がある。流動性をもったコロイド溶液を ① といい、半固体状態のコロイド溶液を ② という。

コロイド溶液に光を当てると光の通路が見える現象を ③ 現象という。

コロイド粒子の不規則な運動を ④ 運動という。親水コロイドに多量の電解質を加えるとコロイド粒子が沈殿する現象を ⑤ という。

Answer

21
①絶対温度
②絶対零度
③ケルビン
④-273.15

22
①ゾル
②ゲル
③チンダル
④ブラウン
⑤塩析

23

トルエンは異性体を持たない。ブテンは ① -2-ブテンとトランス-2-ブテンなどの異性体を持つ。クロロナフタレンは、1- ② と 2- ② の2種の異性体を持つ。乳酸は、1対の ③ 異性体を持つ。キシレンは、オルト異性体、 ④ 異性体、パラ異性体の3種の異性体を持つ。

24

同素体とは、同じ ① からなる単体で、性質が異なる物質のことである。

Sは ② で、斜方硫黄、単斜硫黄、ゴム状硫黄の同素体がある。

Oは ③ で、酸素とオゾンの同素体がある。

Cは ④ で、黒鉛とダイヤモンドなどの同素体がある。

Pは ⑤ で、黄リンと赤リンの同素体がある。

Answer

23
① シス
② クロロナフタレン
③ 光学
④ メタ

24
① 元素
② 硫黄
③ 酸素
④ 炭素
⑤ リン

化学　問題

103

25

1 ボイル（英）は、17世紀、いかなる方法
 によってもそれ以上単純なものに分けられ
 ない物質を ① と定義した。

2 プルースト（仏）は、1799年、「化合物
 中の成分元素の質量比は常に一定である」
 という ② の法則を提唱した。

3 ドルトン（英）は、1803年、「二つの元
 素が化合して、2種類以上の化合物をつく
 るとき、一方の元素の一定質量と化合する
 他の元素の質量の比は簡単な整数比になる」
 という倍数 ③ の法則を提唱した。

4 アボガドロ（伊）は、1811年、「同温、同
 圧のもとにおける気体の同体積中には、同
 数の分子が含まれる」という ④ の法
 則を提唱した。

5 ラボアジエ（仏）は、1774年、「化学反
 応の前後において、物質全体の質量は変わ
 らない」という ⑤ の法則を提唱した。

①元素
②定比例
③比例
④アボガドロ
⑤質量保存

26

純物質は、1種類の物質から成る単体または化合物をいうが、次の物質の組み合わせのうち、純物質のみであるものはどれか。

1　酸素－窒素－空気
2　水酸化ナトリウム－海水－鉄
3　黒鉛－二酸化炭素－水銀
4　酸素－窒素－塩酸
5　ダイヤモンド－アンモニア水－水

Answer
26
① 3

化学　問題

地 学

地学分野は、大別して「地球」と「天体」に分けることができる。近年は、地球環境保護の観点から、地球温暖化現象への関心が高く、この分野の出題が予想され、地震への関心も高い。その他、中学・高校の範囲（特に中学の範囲）を中心とした地学の基本知識も確実に身につけておく。

▶地層と化石

1　堆積岩

堆積した礫・砂・泥などが、上からの重みでしだいに押し固められてできた岩石。

■ 堆積岩の種類

礫岩	岩石をつくる粒の直径が2mm以上
砂岩	粒の直径0.06〜2mm未満
泥岩	粒の直径0.06mm未満

2　石灰岩とチャート

生物の遺骸や水中に溶けていた物質が堆積して固まってできた岩石。

石灰岩	主に炭酸カルシウムからできており、塩酸をかけると二酸化炭素が発生する
チャート	主に二酸化ケイ素からできており、塩酸をかけても二酸化炭素が発生しない
凝灰岩	火山の噴火により、噴出した比較的小さな火山灰などの物質が堆積して、長い時間をかけて固まってできた岩石

3　地層

堆積物が長い年月の間、積み重なってできたもの。

〔柱状図〕ある地点の地層の特徴を長い柱のように表した図。

〔地層のでき方〕

① 通常、地層は下の層が古く、上の層が新しい。

② 粒の大きなものは速く沈むので、一つの地層の中では、下のほう
　が粒は大きくなる。

③ 河口や岸に近く浅いところでは礫や砂、岸から離れたところでは
　砂や泥が堆積しやすい。

4　化石

生物の遺骸が地層に残っているものや、生物の足跡や棲み跡など、生
物が生息していた証拠となるもののこと。

示相化石	地層が堆積した当時の環境を推定するのに役立つ。限られた環境に棲む生物の化石（例）アサリ…浅い海、シジミ…湖や河口付近、サンゴ…暖かくて浅い海、ホタテガイ…海の沖合、モミの花粉…寒い気候、メタセコイア…暖かい気候
示準化石	地層が堆積した時代を推定するのに役立つ化石。短期間に広い範囲で栄え、絶滅した生物の化石（例）フズリナ・サンヨウチュウ…古生代、アンモナイト・キョウリュウ…中生代、ナウマンゾウ・ビカリア…新生代

5　地質時代

地層ができた時代。地層から出る示準化石をもとに区分。46億年
前〜先カンブリア時代、5.7億年前〜古生代、2.5億年前〜中生代、
6500万年前〜新生代。

 火山

1　火山

火山の噴出物	溶岩、火山弾、軽石、火山灰、火山ガスなど
火山の形	粘り気の強いマグマの順に、鐘状火山（トロイデ）、成層火山（コニーデ）、盾状火山（アスピーテ）などができる
マグマ	地下で高温のためにどろどろにとけた物質をマグマという。火山の噴出物はマグマが地表に現れたもの

2　火成岩

マグマが冷えて固まってできた岩石。

火山岩 （安山岩など）	マグマが地表付近で急に冷えてできたもの。つくりは斑状組織で、斑晶（鉱物の大きな粒）と石基（斑晶をとりまく一様な部分）が散らばる。
深成岩 （花崗岩など）	マグマが地中深くゆっくり冷えてできたもの。つくりは等粒状組織で、ほぼ同じ大きさの角ばった大きな結晶からなる。

・造岩鉱物

無色鉱物……セキエイ、チョウセキなど

有色鉱物……クロウンモ、カクセン石、キ石、カンラン石など

〔白っぽい岩石を作るマグマの粘り気は強く、黒っぽい岩石を作るマグマの粘り気は弱い〕

 地震

地震

地下の岩盤（プレート）がずれ動くことで地面が振動すること。

・地震の揺れ…… 初めの小さな揺れを初期微動、後からの大きな揺れを主要動という

初期微動	伝わる速度の速い波（P波）による
主要動	伝わる速度の遅い波（S波）による
震源	地震の発生した場所
震央	震源の真上の地表の点

・地震の揺れの大きさ……地表の揺れの大きさは震度で表す。

震度は、震度計で観測し、０から７まで（５と６は強と弱の２段階）の１０段階に分けられる。

・マグニチュード…… 地震で放出されるエネルギーの大きさ。記号はM。マグニチュードが１大きいと、地震のエネルギーは30倍以上大きい

天気

1 気圧と天気

- 高気圧と風……北半球では、時計回りに風が吹き出す
- 低気圧と風……北半球では、反時計回りに風が吹き込む

2 気団と前線

広い範囲の、その地域特有の温度や湿度などの性質をもつ空気のかたまりを気団という。二つの気団のぶつかるところでは、性質の違う空気は混じり合わず、境目ができる。この境界面を前線面という。

寒冷前線	寒気の勢力が強く、暖気の下にもぐりこんで進み、もちあげられた暖気が積乱雲などを発生させる
温暖前線	暖気の勢力が強く、寒気の上にはい上がって進み、前線にそって層状に広がる雲ができる
停滞前線	寒気と暖気の勢力が同じぐらいで動かない
閉塞前線	寒冷前線が温暖前線に追い付いた時にできる

3 天気の変化の規則性

日本付近では、低気圧は前線をともなったまま西から東へ移動する。また、高気圧にも、同じように移動する移動性高気圧がある。

太陽系と地球

1 太陽

地球からの距離	約1億5000万km。秒速30万kmの光でも約8分20秒かかる
太陽の大きさ	直径約140万km（地球の約109倍）。質量は地球の33万倍
太陽の温度	中心では約1600万℃、表面温度は約6000℃、黒点は約4000℃
コロナ	太陽のまわりをとり巻く薄いガスの層。日食のときに観測できる
プロミネンス（紅炎）	太陽の表面から炎状に噴き出すガスの動き

地学

太陽の自転	黒点の位置や形は、毎日規則正しく動いていることから、太陽が自転していることがわかる。赤道付近の周期は約25日

2　天球と太陽の動き

太陽や星を、地球を中心とした大きな球の上に表したものを天球という。

- 日周運動……太陽や星が東から西へ地球のまわりを回る運動。地球が地軸（北極と南極を結ぶ軸）を中心に1日1回自転するために起こる
- 太陽の1日の動き……太陽が南中したときの高さを南中高度といい、1日のうちでいちばん高くなる

3　地球の公転

- オリオン座など南の空の星が同じ時刻に見える位置は、月日とともに東から西に動いていく。
- 北斗七星などの北の空の星が同じ時刻に見える位置は、北極星を中心に1カ月に30°ずつ反時計まわりに動いていく。
- 星座の南中時刻は、1日に約4分早くなる。
- 太陽の年周運動……星座に対する太陽の位置が1年を周期として西から東に動く

〔黄道〕天球上で、太陽の通る道すじ。

〔黄道12星座〕黄道に沿って並ぶ12の星座。

- 地軸の傾き……地球の公転面に立てた垂線に対して、地軸は23.4°傾いている

4　太陽系

惑星	太陽の周囲を規則正しく公転する8個の天体。公転周期の短い順に水星、金星、地球、火星、木星、土星、天王星、海王星
衛星	惑星の周りを公転している天体
小惑星	数多くの小さな天体で、多くは火星と木星の間にある。
すい星	長い楕円を描く、氷の粒や細かなちり、うすいガスなどからなる天体。ハレーすい星など

1

岩石は、大きく ① 岩、 ② 岩、
③ 岩に分けることができる。 ① 岩
は、マグマが冷えて固まってできた岩石で、マ
グマが急激に冷えてできた ④ 岩と、マグ
マがゆっくり冷えて固まった ⑤ 岩に大別
できる。 ② 岩は、おもに水中で砂や泥が
堆積して固められてできた岩石である。 ③
岩は、 ① 岩や ② 岩が温度や圧力な
どの環境条件で組織が変化した岩石である。

2

地震の主要動を起こす波は ① といわれる。
① は横波のため、固体中のみを伝わる。一
方、初期微動を起こす地震波を ② という。
② は縦波のため、気体・液体・固体中を
伝わる。地表付近の岩石中を伝わる速さは、
② が速く、 ① が遅い。 ② が
到着してから ① が到着するまでの時間を
初期微動継続時間といい、一般に初期微動継続
時間は震源からの距離に比例する。

3

地震の揺れを自動的に記録する装置を ①
という。地震の時は地上のすべてのものが揺れ
動くので、地震の揺れ方を記録するために、
① には動かない部分（不動点）を作る必
要がある。 ① では、この不動点を作るた
めに、 ② の原理が利用されている。

1
①火成
②堆積
③変成
④火山
⑤深成

2
①S波
②P波

3
①地震計
②振り子

地学　問題

111

4

天気図で周辺よりも気圧が高いところは高気圧、低いところは低気圧と呼ばれている。高気圧では ① から ② に向かって風が吹き、 ① 付近では ③ 気流が起こる。低気圧では ② から ① に向かって風が吹き、 ① 付近では ④ 気流が起きる。 ⑤ は気圧の同じところを線で結んだもので、 ⑤ の間隔が ⑥ と気圧傾度が大きいので、強い風が吹く。

5

① は、太陽光に含まれる ② のうち有害なものを吸収し、生物を守っている。大気中の ③ は、大半が地上から10～50km上空の成層圏にあり、これを ① という。この ① が、自動車用エアコン、業務用冷凍空調機などに冷媒用として使用されるフロンが大気中に放出されることによって破壊され、地上へ到達する有害な ② が増加し、皮膚がんや白内障の増加など人の健康や生態系全体へ影響を与えることが問題になっている。

4

①中心
②周辺
③下降
④上昇
⑤等圧線
⑥狭い

5

①オゾン層
②紫外線
③オゾン

6

   ① は生物の遺骸や生活の跡（足跡・巣穴）が地中に埋もれて残されたものである。このうち、地層が堆積した時代を推定する手掛かりとなる ① を ② という。サンヨウチュウ（古生代）、 ③ （中生代）などがその例である。また、地層が堆積した当時の環境を推定する手掛かりとなる ① を ④ という。アサリ・ ⑤ （暖かく浅い海）、ホタテガイ（沖合）などがその例である。

7

   ① とは、月や太陽による潮汐以外の要因によって、海面が異常に上昇する現象のことをいう。台風などの、発達した低気圧に伴う海面の吸い上げ効果は、強風による海水の吹き寄せなどによって生じる。満潮と台風の接近が重なるような場合には、特に注意が必要となる。

8

大気の圧力（気圧）の単位として現在用いられているのは ① である。気圧の単位は、わが国では ② が長く使用されてきたが、1992年に ① に変更された。1気圧はおよそ1013 ① である。

6

①化石
②示準化石
③アンモナイト、恐竜
④示相化石
⑤サンゴ

7

①高潮

8

①ヘクトパスカル(hPa)
②ミリバール

地学　問題

113

9

気温や湿度などが一様な性質を持つ大きな空気の塊を ① という。性質の異なる ① が接する境界面を ② といい、 ② と地表面が交わってつくる線を ③ という。

③ のうち、暖かい ① と冷たい ① の勢力が等しく、ほとんど動かない状態を ④ といい、長く雨が降り続く。

⑤ は、暖気が寒気に向かって進む時にできる前線。 ⑥ は、寒気が暖気に向かって進む時にできる前線。 ⑦ は、 ⑤ の後ろから、 ⑥ が追いついた状態をいう。

10

湿った空気が山肌に当たり、山を越えて下降気流になるとき、暖かく乾いた風となって地上付近の気温が上がる現象を ① という。

① は、山地の多い日本ではしばしば起きる。冬、季節風が、日本海側で雪や雨を降らせた後、山を越えて太平洋側に乾いた空気が流れこむのも、一種の ① である。また、南米ペルー沖の沿岸で海水温が上昇する現象を ② といい、世界中に異常気象をもたらす。 ② とは逆に、海水温が低下する現象を ③ という。

Answer

9

①気団
②前線面
③前線
④停滞前線
⑤温暖前線
⑥寒冷前線
⑦閉塞前線

10

①フェーン現象
②エルニーニョ現象
③ラニーニャ現象

11

太陽や星は、観測者を中心とした大きな球形の天井に張りついているようにみえる。この球形の天井を ① という。 ① は実際には存在しないが、天体の位置を示したり、動きを考えたりするのに便利である。 ① は、観測者と北極星を結ぶ直線を軸に、東から西へ1日に1回転している。つまり、 ① は24時間に ② 度回転するので、1時間では ③ 度回転する。

12

熱帯低気圧のうち、わが国で ① と呼ぶものは、北太平洋の東経180度以西に発生し、最大風速が17.2m/秒以上になったものをいう。発達した熱帯低気圧は地域によって呼称が異なり、北太平洋東部や大西洋で発生したものは ② 、インド洋で発生したものは ③ と呼ばれる。 ① は低緯度の海上で大量の潜熱を持った水蒸気をエネルギー源として発生し、北太平洋高気圧の縁に沿いながら北上する。 ① は上陸したり、水温の低い海域に達したりすると、水蒸気によるエネルギーの供給が絶たれるために衰弱する。

Answer

11
① 天球
② 360
③ 15

12
① 台風
② ハリケーン
③ サイクロン

地学
問題

13

　　① とは、水素やヘリウムの核融合エネルギーにより、自ら輝く天体のことである。見かけの明るさは、等級で表される。太陽以外の ① は、地球から数光年以上の距離にあるため、地球からのみかけの位置はほとんど不変であり、「位置がつねに同じ星」という意味で ① と呼ばれる。 ② は、恒星の周りを公転している天体のことで、太陽系で見ると、太陽からの距離が短い順に、水星・ ③ ・地球・火星・木星・ ④ ・天王星・ ⑤ となる。地球や木星などの ② ・月などの衛星は太陽という ① に照らされてはじめて光ることができる。

14

恒星の明るさの表し方は ① 等級と ② 等級の2通りある。 ① 等級は地球から実際に見える明るさの等級のことであり、1等級減るごとに明るさは2.5倍になる。1等星は6等星の約100倍の明るさである。しかし、恒星の明るさは恒星と地球との距離に反比例するので、恒星の真の明るさを示すには ② 等級を用いる。 ② 等級とは、恒星を10パーセク（32.6光年）の距離に置いたと考えて、その恒星を眺めたときの明るさである。

15

同じ時刻に見える星座の位置は、毎日約1度ず
つ、1カ月で約30度ずつ東から西へ移動し、1
年で元の位置に戻る。これは、地球の ①
によって生じるみかけの動きである。地球の
 ① とは、地球が太陽の周りを回ることを
いう。なお、星座などの天体の日周運動は、地
球の ② によるものである。

16

 ① とは、長い年月をかけて堆積した動植
物の死骸が、地中で地熱や地圧などによって変
成されてできた有機質の ② のうち、人間
の経済活動において ③ として用いられる
もの（原油、天然ガス、石炭など）をいう。

17

新月や満月の時には海水の干潮と満潮の差が最
大になることを ① という。 ① は、実
際には新月や満月の2、3日後に起こることが
多い。 ② は、南方に台風が存在する時、大
きなうねりが太平洋岸に押し寄せる現象で、8
～9月に見られる。 ③ は、台風や強い低
気圧の影響で、海面が異常に上昇する現象。台
風などでは中心部の気圧が低いので、海水が吸
い上げられるために生じる。 ④ は、地震
の震源が海底にある時、海底が急激に変形し、そ
の上の海水が上下に大きく震動することで生じ
る。

15
①公転
②自転

16
①化石燃料
②化石
③燃料

17
①大潮
②土用波
③高潮
④津波

地学 問題

18

1912年に「地球上では、かつて一つであった大陸がいくつかに分かれ、長い時間をかけて現在の配置になった」という ① 説を提唱したのは、ドイツの地質学者・気象学者 ② （1880 ～ 1930年）である。大西洋をはさむ両側の大陸の海岸線が重なること、これらの大陸の地層に見られる氷河の痕跡や化石の分布が、現在の大陸の配置からは説明不可能なことなどを根拠としている。しかし、大陸が動くしくみを説明できず、主張は認められず一度忘れ去られたが、1950年代になって、過去の地磁気についての研究が進むと、再び注目を集めた。現在は大陸の移動はプレートの移動によるものと考えられている。

19

太陽の円盤状に見える部分を ① と呼ぶ。 ① の温度は約5800Kで、これが太陽の表面温度である。ここに現れた黒いしみのようなものを ② と呼ぶ。
地上からは ③ のときにコロナが見える。コロナからは陽子や電子が流れ出しており、これを ④ という。コロナと ① の境目には、淡紅色に輝く厚さ数千kmの層があり、 ⑤ と呼ばれる。

20

地震のエネルギーの大きさを表すマグニチュード（M）は、1935年にアメリカの地震学者 ① によって初めて定義された。マグニチュードはエネルギーの対数をとったもので、マグニチュードが1大きくなると、地震のエネルギーはおよそ ② 倍になる。一般に使われるマグニチュードでは、7から8を超えると数値が頭打ちになるため、より正確に地震の規模を表す指標として、 ③ ・マグニチュード（Mw）が考案されている。

21

気温がある点まで下がると空気中に含まれている水蒸気が飽和し凝結して露になるが、この温度を ① という。 ① は空気中に含まれる水蒸気量を反映するので、 ① が高いときは水蒸気量が多く、低い場合は少なくなる。空気中に含まれる水蒸気の量は気温が高いほど多い。一般に晴れた日（空気は乾いている）の ① は低く、雨の日（空気は湿っている）の ① は高い。

Answer

20

①リヒター
②32
③モーメント

21

①露点

地学 問題

119

22

地球科学の学説において、地球表面の10数枚の岩板がマントルに乗って移動するという説を ① と呼ぶ。地球では、核が金属であるのに対して、マントルは ② である。その外側にはやはり岩石ではあるが成分の異なる ③ がある。マントルは長期間的視点からみれば流動している。地殻と上部マントルの固い部分を合わせてリソスフェアと呼び、約100km近い厚みを持つリソスフェアが地表を覆っており、「プレート」という巨大な岩板に分かれる。それぞれのプレートは固有の運動をしている。そしてマントルの動きに乗って移動するが、プレート境界部では地震、造山運動、火山、断層などの ④ が発生する。プレートテクトニクスは、これらの変動を説明する理論の一つである。

23

太陽・地球・月がこの順に一直線上に並び、月が地球の影に入り、月の一部または全部が暗くなる現象を ① という。月の一部が影に入るものを ② 、全部が入るものを ③ という。また、太陽・月・地球がこの順に一直線上に並び、月によって太陽が隠される現象を ④ という。

Answer

22
①プレートテクトニクス
②岩石
③地殻
④地殻変動

23
①月食
②部分月食
③皆既月食
④日食

24

大気の層構造に関する記述に答えなさい。

1 　①　圏は、地表からの高さ約11km～約50kmの範囲にあり、上空ほど高温なため、空気の対流がほとんど起こらず、他の範囲に比べてオゾンが多く含まれる。

2 　②　圏は、地表から約11kmの範囲にあり、約100m上昇するごとに約0.65度下がり、空気の対流が活発なため、雲の発生や降水などの気象現象が起こる。

3 　③　圏は、地表から約50km～約80kmの範囲にあり、気温は高さとともに低下するが、気温減少の割合は対流圏よりも小さい。

4 　④　圏は、地表から約500km～約10万kmの範囲にあり、放射能の強いバン・アレン帯を含んでいる。

5 　⑤　圏は、地表から約80km～約500kmの範囲にあり、電離層がある。電離層では、中波・短波をそれぞれ反射するE層、F層が存在する。オーロラが現れる。

地学　問題

25

太陽系の惑星に関する次の記述に答えなさい。

1 ① は太陽に最も近い軌道上を公転しており、大気はほとんど存在しない。昼夜の表面温度差が大きいのも特徴の1つである。

2 ② は最も明るい惑星であり、明けの明星・宵の明星として親しまれている。CO_2 を主成分とする大気が存在する。自転の向きは公転方向と同じ向きである。

3 ③ は地球と似たところが多い惑星であり、昼夜と四季の変化が見られる。CO_2 を主成分とする大気が存在する。

4 ④ は太陽系内の惑星中、最小の平均密度を持ち、表面温度は約−175℃と低温である。7つの環（リング）を持ち、H_2 や He を主成分とする大気が存在する。

5 ⑤ は太陽系内で最大の惑星であり、H_2 や He を主成分とする大気が存在する。大気中には巨大な雲の渦巻（大赤斑）が存在する。

26

地球の自転と公転に関する記述に答えなさい。

26
①地軸
②時計
③反時計
④日周
⑤公転
⑥年周光行差

1　地球は、　①　を中心として、反時計回りに地球の公転方向と同じ向きに自転している。

2　フーコーの振り子の振動面を上から見ると、北半球では　②　回りに、南半球では　③　回りに回転して見え、この現象は地球の自転の証拠となっている。

3　地球の自転によって、太陽などの恒星が東から西に移動し約1日で元の位置に戻る　④　運動や、北半球の低気圧に吹き込む風が反時計回りの渦となる現象が起こる。

4　季節によって同時刻の同じ方向に見える星座が異なるのは、地球の　⑤　による現象である。地球が太陽の周りを　⑤　するために、地球から見ると、太陽と反対側に見える星座が1年を周期として変わるからである。

5　　⑥　とは、恒星から届く光の方向が真の方向よりも斜め前方から届くように見える現象をいい、この現象は、地球の公転の証拠となっている。

地学　問題

数 学

👉ここがPOINT

暗算などの基本的な問題から、虫食い算やn進法、図形問題などの応用問題まで幅広く出題される。四則演算、分数、比、割合、連立方程式などの基本計算の復習を行う。また、速さ、濃度、確率などの基本公式があるものはしっかり押さえておく。

割合

割合の問題には分数、小数、百分率、歩合などで出題される。

割合の表示一欄

分数	小数	百分率	歩合
$\frac{1}{4}$	0.25	25%	2割5分
$\frac{1}{40}$	0.025	2.5%	2分5厘
$\frac{1}{400}$	0.0025	0.25%	2厘5毛

暗算

暗算は、計算力や持続力を試される以外に、いかに効率的に速やかに行うことができるかの処理力を問われている問題が多い。次のことに注意する。

・概算で計算する
・最後の桁の数値で確認する
・整数に直して計算する
・四則演算→移項して計算する

（＋は－、－は＋に変化、掛け算は割り算に変化させる）

□＋4＝6　　□＝6－4

□－4＝2　　□＝2＋4

$\begin{cases}□×4＝8 \\ 4×□＝8\end{cases}$　　□＝8÷4　　□＝8÷4

$\begin{cases}□÷4＝2 \\ 8÷□＝2\end{cases}$　　□＝2×4　　□＝8÷2

> 注意！ここだけパターンが異なる！

虫食い算

1、3、7、9の奇数の掛け算の答えは、一の位の数がすべて異なり、そこから導く問題が多い。

掛け算の法則
<奇数の計算>

1×1＝　1	3×1＝　3	5×1＝　5	7×1＝　7	9×1＝　9
1×2＝　2	3×2＝　6	5×2＝10	7×2＝14	9×2＝18
1×3＝　3	3×3＝　9	5×3＝15	7×3＝21	9×3＝27
1×4＝　4	3×4＝12	5×4＝20	7×4＝28	9×4＝36
1×5＝　5	3×5＝15	5×5＝25	7×5＝35	9×5＝45
1×6＝　6	3×6＝18	5×6＝30	7×6＝42	9×6＝54
1×7＝　7	3×7＝21	5×7＝35	7×7＝49	9×7＝63
1×8＝　8	3×8＝24	5×8＝40	7×8＝56	9×8＝72
1×9＝　9	3×9＝27	5×9＝45	7×9＝63	9×9＝81
	一の位の数字はすべて異なる		一の位の数字はすべて異なる	一の位の数字はすべて異なる

---

n進法

n進法の問題については、2つの解法を理解する

1．10進法→n進法の場合

> 10進法のもとの数をn進法のnで次々と割っていく

⇩

> 最後の商と余りを下から順に並べる

⇩

> これが答え

最後の商→余り（最後のものから最初の方へ）を並べる。

2. n進法 → 10進法の場合

(例) n進法のabcdeという5ケタの数を10進法に直す。

$a \times n^{5-1} + b \times n^{5-2} + c \times n^{5-3} + d \times n^{5-4} + e$

■ 公式を使って解答する項目

売買損益、速さ、順列・組合せ、確率、濃度、仕事算、年齢算など
の公式があるものは、その公式に数値を入れて解答する。

●売買損益の公式

定価＝原価×（1＋利益率）

売価＝定価×（1－割引率）

利益(損失)＝売価－原価

●速さの公式

距離＝速さ×時間

速さ＝$\dfrac{距離}{時間}$

時間＝$\dfrac{距離}{速さ}$

●順列・組み合わせの公式

順列……$_nP_r$

組み合わせ……$_nC_r$

●濃度の公式

濃度（%）＝$\dfrac{食塩の重さ}{食塩水の重さ} \times 100$

食塩水の重さ＝食塩の重さ＋水の重さ

●確率の公式

確率＝$\dfrac{ある事例が起こる場合の数}{起こりうるすべての場合の数}$

連続　積の法則：AとBが連続して起こる確率＝Aの起こる確率×
　　　　　Bの起こる確率

余事象：Aが少なくとも1回起こる確率＝1－Aが1回も起こらな
　　　　い確率

同時：組み合わせで計算

複数パターン：和の法則

....

▶ 体積

体積の公式も復習をしておく。

●円柱の体積

底面の半径r、高さhの円柱

$V=\pi r^2 h$

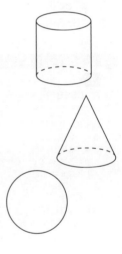

●円錐の体積

底面の半径r、高さhの円錐の体積

$V=\dfrac{1}{3}\pi r^2 h$

●球の体積

半径rの球

$V=\dfrac{4}{3}\pi r^3$

a、b、cの3兄弟がa：b＝5：2、b：c＝5：2の割合でお金を出し合い、母親のためにプレゼントを購入した。aが3600円を支払ったとき、このプレゼントの代金はいくらか。

- A 5606円
- B 5616円
- C 6126円
- D 6636円
- E 7656円

Answer

1

B 5616円

a：b＝5：2なので、bが支払った額をxとすると、
$3600：x＝5：2$
$5x＝7200$
$x＝1440$
b：c＝5：2なので、cが支払った額をyとすると、
$1440：y＝5：2$
$5y＝2880$
$y＝576$
よって、プレゼントは
$3600＋1440＋576＝5616（円）$

現在、両親二人の年齢の和は子供の年齢の12倍である。2年前には16倍であったとすると、2年前の子供の年齢はいくつか。

- A　4
- B　5
- C　6
- D　7
- E　8

Answer

2

B　5

現在の両親の年齢の和をx、子供の年齢をyとすると
$$\begin{cases} x = 12y \cdots ① \\ x - (2人 \times 2年) \\ \quad = 16(y - 2年) \cdots ② \end{cases}$$

②より
$$x - 4 = 16y - 32$$
$$x - 16y = -28$$

①を代入すると
$$12y - 16y = -28$$
$$4y = 28$$
$$y = 7$$

よって、2年前の子供の年齢は7-2=5(歳)

3

ある本を読み始め、1日目に全体の$\frac{1}{4}$、2日目に残りの$\frac{2}{3}$、3日目に100ページ読み、すべてを読み終えた。この本は全部で何ページか。

- A 350ページ
- B 375ページ
- C 400ページ
- D 425ページ
- E 450ページ

Answer

3

C 400ページ

1日目に全体の$\frac{1}{4}$読んだのだから、残りは$\frac{3}{4}$

2日目はその残りの$\frac{3}{4}$の$\frac{2}{3}$を読んだのだから、$\frac{3}{4} \times \frac{2}{3} = \frac{1}{2}$

3日目は$1 - \frac{1}{4} - \frac{1}{2} = \frac{1}{4}$読んだこととなり、

この$\frac{1}{4}$が100ページに当たるのだから

$100 \div \frac{1}{4} = 400$ページ

4

下の掛け算において、a、b、cはそれぞれ異なる数字が入る。

a＋b＋cはいくらか。

		a	2
×		3	c
	4	□	□
□	□	□	
□	5	b	2

- A 22
- B 23
- C 24
- D 25
- E 26

Answer

4

A 22

①は2と分かり、cは1か6になる。a2×cの計算結果が3桁であるから、cは6であり、a2×cの百の位が4から、繰り上がり1を考慮するとaには7か8が入る。

次に、②は6が入るのが分かる。

a2×3の計算の結果、仮にaを8でa2×3を行うと、③は4になり、aを7で行うと③は1となり、縦の合計が5になるため、aは7と確定する。

以下、計算してbは9となる。

以上より、7＋9＋6＝22

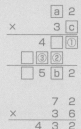

数学 問題

131

5

下の割り算において、空欄□には1から9までのいずれかの数字が
入る。

a×b－c＋dの値はいくつか。

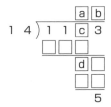

A 2　　B 4　　C 9　　D 13　　E 14

Answer

5

E 14

```
            a b
   1 4 ) 1 1 c 3
         □ □ ①
           d ②
           □ ③
             5
```

11c÷14は余りが1桁だからaは8。
②は3であるから③は8と分かり、bは2か7。
ただし、7だと計算結果が98で、d②の2桁に合う数がない
（引き算の最終結果が5で103の3桁になる）。よってbは2。
d②は33で、①は2なのでcは5となる。
あとは計算して8×2－5＋3＝14

```
            8 2
   1 4 ) 1 1 5 3
         1 1 2
           3 3
           2 8
             5
```

132

6

ある50人のクラスで英語、数学、国語の確認テストがあった。合格者は英語26人、数学21人、国語30人であり、すべての科目に不合格であった者はいなかった。また、英語と数学に合格した者は10人、数学と国語に合格した者は8人、英語と国語に合格した者は12人だった。このとき、数学のみ合格した人数として正しいものは、次のうちどれか。

A 5人　　B 6人　　C 7人　　D 8人　　E 9人

Answer

6

B 6人

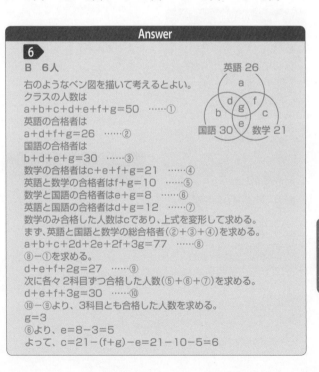

右のようなベン図を描いて考えるとよい。
クラスの人数は
$a+b+c+d+e+f+g=50$ ……①
英語の合格者は
$a+d+f+g=26$ ……②
国語の合格者は
$b+d+e+g=30$ ……③
数学の合格者は$c+e+f+g=21$ ……④
英語と数学の合格者は$f+g=10$ ……⑤
数学と国語の合格者は$e+g=8$ ……⑥
英語と国語の合格者は$d+g=12$ ……⑦
数学のみ合格した人数はcであり、上式を変形して求める。
まず、英語と国語と数学の総合格者（②＋③＋④）を求める。
$a+b+c+2d+2e+2f+3g=77$ ……⑧
⑧－①を求める。
$d+e+f+2g=27$ ……⑨
次に各々2科目ずつ合格した人数（⑤＋⑥＋⑦）を求める。
$d+e+f+3g=30$ ……⑩
⑩－⑨より、3科目とも合格した人数を求める。
$g=3$
⑥より、$e=8-3=5$
よって、$c=21-(f+g)-e=21-10-5=6$

数学　問題

7

2つの正の整数（a＋3）、（2a －3）の平方の和が26になる とき、aの値として正しいもの は、次のうちどれか。

A 1 B 2 C 3
D 4 E 5

Answer

7

B 2

$(a+3)^2+(2a-3)^2=26$
$a^2+6a+9+4a^2-12a+9$
$=26$
$5a^2-6a+18=26$
$5a^2-6a-8=0$
これを因数分解すると
$(5a+4)(a-2)=0$
$\therefore a=-\dfrac{4}{5}$, 2

$a=-\dfrac{4}{5}$のとき、
a＋3、2a－3は正の整数にな らない。
a＝2のとき、
a＋3＝5、2a－3＝1
よって、a＝2

8

l//mのとき、錯角により∠a＝ ∠（　）となる。

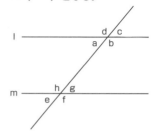

A ∠b

B ∠c

C ∠e

D ∠f

E ∠g

Answer

8

E ∠g

∠a＝∠g（錯角）
∠a＝∠e（同位角）
∠a＝∠c（対頂角）
という。

長方形abcdを図のようにpqとdrを折り目として折ったところ、辺paと辺crの一部がprで一致した。∠pqrの角度を表したものはどれか。

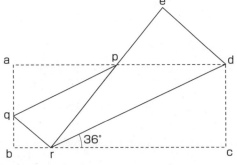

A 50°　　B 51°　　C 52°　　D 53°　　E 54°

Answer

9

E 54°

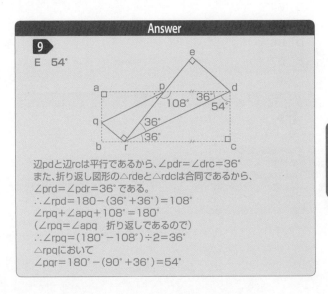

辺pdと辺rcは平行であるから、∠pdr=∠drc=36°
また、折り返し図形の△rdeと△rdcは合同であるから、
∠prd=∠pdr=36°である。
∴∠rpd=180-(36°+36°)=108°
∠rpq+∠apq+108°=180°
(∠rpq=∠apq　折り返しであるので)
∴∠rpq=(180°-108°)÷2=36°
△rpqにおいて
∠pqr=180°-(90°+36°)=54°

10

次の問いに答えなさい。

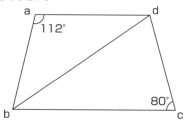

四角形abcdはad//bcの台形で、ab＝adである。

∠dab＝112°

∠bcd＝80°のとき、∠bdcの大きさは何度か。

A 63°

B 64°

C 65°

D 66°

E 67°

Answer

10

D 66°

ab＝adなので、
∠abd＝∠adb＝(180°－112°)÷2＝34°
ad//bcなので、
∠adb＝∠dbc＝34°
∠bdc＝180°－(80°＋34°)＝66°

3進法で21012と表される数を、5進法で表すといくつになるか。

- A 1124
- B 1134
- C 1214
- D 1234
- E 1324

Answer

11

D 1234

3進法→5進法に直すには、
a 3進法→10進法
b 10進法→5進法 の2段階計算をする。
まず、a 21012(3進法・5ケタ)を10進法に直す。

$2×3^{5-1}+1×3^{5-2}+0×3^{5-3}+1×3^{5-4}+2$
$=2×81+1×27+0×9+1×3+2$
$=162+27+0+3+2$
$=194$

次に、b 10進法の194を5進法に直す。
最後の商→余りを並べて、1234となる。

```
5)194
5)  38  …4
5)   7  …3
     1  …2
```

12

10進法の880は、5進法にするといくつになるか。

- A 11210
- B 12240
- C 12120
- D 12010
- E 12310

13

30日で仕上げなければならない仕事がある。初め14人で仕事をしていたが、16日経っても4分の1の仕事しかできなかったため人数を増やすことにした。予定数まで完成させるには、あと最低で何人増やせばよいか。なお、各人の仕事量は一定とする。

A 30人 　　B 31人
C 32人 　　D 33人
E 34人

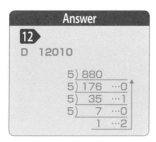

14

ある仕事を1人で終えるのにaは9時間、bは6時間、cは12時間かかる。この3人が一緒に2時間働いた後、残りをb1人でやって終えた。b1人ではどれだけの時間働いたか。

- A 1時間20分
- B 1時間30分
- C 1時間40分
- D 2時間30分
- E 2時間40分

Answer

14

C 1時間40分

a、b、cの3人が一緒に働くと1時間の仕事量は

$\frac{1}{9}+\frac{1}{6}+\frac{1}{12}=\frac{13}{36}$ となるので、

3人で2時間働いたときの仕事量は $\frac{13}{36}×2=\frac{13}{18}$ となる。

残りの $1-\frac{13}{18}=\frac{5}{18}$ を、bの1時間の仕事量 $\frac{1}{6}$ で行うので

$\frac{5}{18}÷\frac{1}{6}=\frac{5}{3}$ 時間となる。

$\frac{5}{3}$ 時間＝1時間40分

数学 問題

15

父と子は、毎朝家から駅まで歩いている。父は分速60m、子は分速40mの速さで同時に家を出発すると、それぞれ7時30分、7時39分に駅に到着する。家から駅まで何mあるか。

    A   720m

    B   810m

    C   900m

    D   990m

    E   1080m

Answer

15

E 1080m

問題文より、家から駅まで歩くと、父のほうが子より9分早く駅に到着することが分かる。
これと、父、子の家から駅までのかかる時間の関係を式にすると、
（家から駅までの父がかかる時間）＋9分
               ＝（家から駅までの子がかかる時間）
よって、家から駅までを x mとすると、

$$\frac{x}{60}+9=\frac{x}{40}$$

両辺に120を掛けて
$$2x+1080=3x$$
$$x=1080$$

16

P地点とQ地点は2400m離れている。aはP地点からQ地点に向かって、bはQ地点からP地点に向かって出発した。aは32分後にQ地点に着き、bは16分後にP地点に着いた。aとbがすれ違ったのは2人が出発してから何分後か。ただし、a、bとも均一の速度で歩いたものとする。

A　9分後
B　9分40秒後
C　10分20秒後
D　10分40秒後
E　11分20秒後

Answer

16

D　10分40秒後

aの速さは、
2400(m)÷32(分)＝75(m/分)である。
bの速さは、
2400(m)÷16(分)＝150(m/分)である。
aとbの2人で、1分間に75＋150m進むのであるから、
2人がすれ違うのは、
$2400 \div (75 + 150) = 10\dfrac{2}{3}$ より、

10分40秒後となる。

17

あるクラスで数学のテストを行ったところ、平均点は63.65点であった。そのうち、男子の平均点は65点、女子は62点であった。女子の人数が27人であるとしたら、男子は何人か。

- A　26人
- B　30人
- C　32人
- D　33人
- E　34人

Answer

17

D　33人

男子の人数をx人とすると、

$65x + 62 \times 27$
$\quad = 63.65x \, (x + 27)$

$65x + 1674$
$\quad = 63.65x + 1718.55$

$65x - 63.65x$
$\quad = 1718.55 - 1674$

$1.35x = 44.55$

$x = 33$

18

ある人がスキーに行った帰り、会社の同僚20人にお土産を買って帰ることにした。

1袋600円のクッキーと1袋450円のキャンディーのどちらかが1人ずつ行き渡るように人数分買って、全部で10000円以内に抑えたい。このとき、クッキーは何袋まで買うことができるか。

- A　5袋
- B　6袋
- C　7袋
- D　8袋
- E　9袋

Answer

18

B　6袋

クッキーの袋数をxとする。

$600x + 450(20 - x)$
$\qquad\qquad \leqq 10000$

$600x - 450x + 9000$
$\qquad\qquad \leqq 10000$

$150x \leqq 1000$

$x \leqq 6\dfrac{2}{3}$

クッキーの数は6袋以下と分かる。

142

あるクラスで国語のテストを行った。その結果は次の表のとおりであるが、10点、30点、40点をとった者の数が不明であった。しかし、30点をとった者は40点をとった者より3人多く、全体の平均点は28点であった。30点をとった者は何人であったか。

得点	0	10	20	30	40	50	計
人数	1		7			3	30

- A 8人
- B 9人
- C 10人
- D 11人
- E 12人

Answer

19

B 9人

40点とった者をx(人)とし、10点とった者をy(人)とする。
総人数：$1+y+7+(x+3)+x+3=30$
総得点：$10y+140+30(x+3)+40x+150=30×28$

$$\begin{cases} 2x+y=16 \\ 7x+y=46 \end{cases}$$

この連立方程式を解くと
$x=6$, $y=4$
30点とった人はx人より3人多いので
$6+3=9$(人)

数学　問題

143

20

濃度5%の食塩水が400gある。ここから100g取り出した残りの食塩水に500gの水を加えたら、何%の食塩水ができるか。

    A   1.875%

    B   1.925%

    C   2.125%

    D   2.375%

    E   3.625%

Answer

20

A   1.875%

400gの食塩水から100gを取り出した後の食塩水は300gであり、濃度は5%であるから含まれる食塩は、

$$300 \times \frac{5}{100} = 15(g)である。$$

この食塩水に500gの水を加えるのだから、濃度は、

$$\frac{15}{300+500} \times 100 = 1.875(\%)となる。$$

21

15%の食塩水が400gある。これに食塩を加えて20%以上の食塩水を作りたい。食塩を何g以上加えればよいか。

- A　20g以上
- B　25g以上
- C　30g以上
- D　35g以上
- E　40g以上

Answer

21

B　25g以上

食塩をxg加えると、食塩水全体の重さもxg増える。
15%の食塩水400gに含まれる食塩の重さ

$$\frac{15}{100}\times 400 = 60(g)$$

増えた食塩水全体の重さ
$400+x$(g)
増えた食塩の重さ
$60+x$(g)
増えた食塩水の濃度が20%以上となればよいのだから、

$$\frac{60+x}{400+x}\times 100 \geqq 20$$

$$x \geqq 25$$

数学　問題

社会一般

政治・経済・社会の諸分野について出題される。時事問題の「政治・経済」と重複することからも数多く出てくるが、重要事項として、漏らさずチェックしておく。

▶ 国際関係と政治

1 国連とその機関

- 国際連合……1945年、国連憲章に基づき発足。本部はアメリカ・ニューヨーク
- 主要機関……総会、安全保障理事会、信託統治理事会、国際司法裁判所、経済社会理事会、事務局
- 安全保障理事会の常任理事国は、アメリカ、フランス、イギリス、ロシア、中華人民共和国。それぞれ拒否権を持つ。
- 最大の目的は国際平和と世界の安全の維持。

■ 国際連合専門機関

世界保健機関（WHO）	世界の人々の健康増進、医療、人口問題
国連食糧農業機関（FAO）	食糧増産計画
国際通貨基金（IMF）	国際為替レートの安定、貿易の促進
国連児童基金（UNICEF）	発展途上国の児童援助など
国際労働機関（ILO）	労働条件の改善
国連教育科学文化機関 （UNESCO）	教育・文化活動、本部パリ
世界貿易機関（WTO）	貿易の世界ルールと自由貿易促進

2 国際組織

- EU（ヨーロッパ連合）……1993年、マーストリヒト条約で発足。ヨーロッパ各国の政治・経済など諸分野での統合を目指す

- AU（アフリカ連合）……2002年、アフリカ統一機構を発展解消して発足。単一通貨の導入を目指す
- IAEA（国際原子力機関）……原子力の平和利用を促進し、軍事転用の核拡散防止
- NATO（北大西洋条約機構）……欧米諸国による軍事同盟
- OPEC（石油輸出国機構）……加盟各国の石油生産枠を決める
- PLO（パレスチナ解放機構）……イスラエル支配下のパレスチナの解放を目的。2004年アラファト議長死去
- ASEAN（東南アジア諸国連合）……東南アジアの経済・文化などの地域協力

3 主要国の政治制度

アメリカ	大統領の任期は4年、3選以上は禁止。大統領は間接選挙。大統領は議会に対して法案の提出権がなく、議会に対して責任を負わない
イギリス	議院内閣制。下院の多数党の党首が首相に選出される。閣僚はすべて国会議員
フランス	大統領の任期は5年

▶日本の政治制度

1 選挙制度

- 選挙権……18歳以上
- 被選挙権……「参議院議員・知事」30歳以上／「その他」25歳以上

■ 選挙制度

衆議院	定数465人。比例代表180人と小選挙区300人。任期4年、解散あり。
参議院	定数242人。比例代表96人と選挙区146人。3年ごとに半数ずつ改選。任期6年、解散なし。

2 国会

- 国会は国権の最高機関で、唯一の立法機関。
- 機能……法律の制定、条約の承認、内閣総理大臣の指名、憲法改

社会一般

147

正の発議、予算の議決、弾劾裁判所の設置など

■ 国会の種類

通常国会	毎年1月に召集、会期150日、延長あり。予算審議中心
臨時国会	内閣が必要と認めたとき、またはいずれかの議院の総議員の4分の1以上の要求により召集
特別国会	衆議院解散による総選挙後30日以内に召集
緊急集会 （参議院のみ）	衆議院の解散中に緊急の必要がある場合

- 衆議院の優越……解散があり、任期も短く、国民の意思を反映しやすいことが理由。予算、条約の承認、内閣総理大臣の指名につき、両院が異なった議決をした場合、両院協議会を開き、一致しないときは衆議員の議決が国会の議決となる。法律案の場合は、衆議院が3分の2以上の多数で再び可決したとき、法律となる。

3 内閣

- 内閣総理大臣は国会の指名に基づいて天皇が任命する。内閣総理大臣は国会議員でなければならない。国務大臣は過半数が国会議員でなければならない。
- 解散と不信任決議……衆議院で内閣不信任案が可決または信任案が否決されると、内閣は総辞職するか10日以内に衆議院を解散する。
- 内閣の仕事……行政を行う。法律案・予算案の作成、政令の制定、最高裁判所長官の指名、天皇の国事行為についての助言と承認など。

4 裁判所

- しくみ……最高裁判所（長官と14人の裁判官で構成）と下級裁判所（高等・地方・家庭・簡易）からなる
- 三審制……裁判を慎重に行うため、3回まで裁判を求めることができる。第一審から第二審へは控訴、第二審から第三審へは上告
- 裁判の種類……民事・刑事・行政裁判
- 国民審査……最高裁判所裁判官は、任命後はじめてと、その後10年ごとの衆議院議員総選挙のときに国民による審査を受ける

- 違憲立法審査権……法律や行政行為が違憲でないかを判断。最高裁判所は最終決定権をもち、「憲法の番人」と呼ばれる

5 日本国憲法

三大原則	国民主権・平和主義・基本的人権の尊重
基本的人権	自由権・平等権・社会権・参政権・請求権
三大義務	教育・勤労・納税

- 新しい基本的人権……知る権利・環境権など

経済

1 消費生活と価格

商品が生産者から消費者に届くまでの流れを流通という。価格には、生産費に加え、生産者の利潤、卸売商や小売商の経費や利潤が含まれる。需要量と供給量を一致させる均衡価格によって市場価格が決まる。

■ 価格の種類

市場価格	市場において自由・公正な競争のもとに需要と供給の関係で決定される
独占価格 （管理価格）	少数の企業が特定の商品の供給を独占している場合、その企業の思い通りに決められる
公共料金	鉄道運賃、郵便料金、水道料金、ガス料金など。国民生活に大きなかかわりを持ち、国や地方公共団体が価格決定に参与する

- インフレーション……物価が上がり続ける現象。逆の現象はデフレーション
- スタグフレーション……インフレーションが続きながら同時に不況が進む現象
- エンゲル係数……食料費／消費支出×100

2 日本銀行

日本の中央銀行。唯一の発券銀行。一般の銀行（銀行の銀行）、政府（政府の銀行）とのみ銀行業務を行う。

■ 金融政策

公定歩合	中央銀行から市中銀行へ資金を貸し出すときの金利。景気を刺激するとき、公定歩合を下げる。正確には「基準割引率及び基準貸付利率」という
公開市場操作	景気が過熱のとき、債券を市場に売り、流通している貨幣を吸い上げる。これを売りオペレーションという。逆の場合は買いオペレーション
支払準備率操作	市中銀行には、受け入れた預金のうち一定割合を中央銀行に預け入れる義務がある。この一定割合のことを支払準備率といい、これを操作して通貨量を調整

3　財政

・租税－歳入の中心

国税	直接税	所得税、法人税、相続税など
	間接税	消費税、酒税、たばこ税、関税など
地方税	直接税	道府県民税、事業税、自動車税、市町村民税、固定資産税など
	間接税	特別地方消費税、ゴルフ場利用税、市町村たばこ税など

・公債－政府・地方公共団体の借入金（国債と地方債）

・財政投融資－特別な債権を発行し、市場から資金を調達し、公庫や公団に投資・融資をする

4　労働・福祉

■ 労働者の権利……「勤労権、団結権、団体交渉権、団体行動権（争議権）」

■ 労働三法……「労働基準法・労働組合法・労働関係調整法」。このほか男女雇用機会均等法など

〈労働基準法の主な内容〉

労使は対等の立場で労働条件を決定し、互いに義務を守る／男女同一賃金／労働時間は1日8時間以内が原則／休日は毎週少なくとも1日／労働災害の補償

■ 社会保障と国民の福祉

・社会保障制度……憲法25条（健康で文化的な最低限度の生活を営む権利）を保障するための制度

- 社会保険……健康保険、年金保険、雇用保険、労災保険、介護保険
- 公的扶助……生活困窮者に生活費などを給付
- 社会福祉……身体障害者、高齢者など働けない人の生活を保障。老人福祉・身体障害者福祉・児童福祉・母子福祉など
- 公衆衛生……伝染病予防、上下水道、清掃、公害健康被害補償
- 課題……21世紀前半に人口の4分の1が65歳以上の高齢者になる。高齢者に対する福祉の充実と社会保障の資金負担のあり方が課題

5　産業

第一次産業	農業・林業・水産業など
第二次産業	工業・鉱業・建設業など
第三次産業	商業・金融・サービス業など

産業構造の高次化が進んでいる

- 公害問題……四大公害病「イタイイタイ病、水俣病、新潟水俣病、四日市ぜんそく」
- 環境問題……地球温暖化、二酸化炭素の排出規制、ごみ問題、大気汚染、酸性雨、森林破壊、オゾン層の破壊、砂漠化

1

日本の国会は ① をとっている。衆議院は定数 ② 名（比例代表 ③ 名、小選挙区 ④ 名）である。任期は ⑤ 年で、 ⑥ がある。被選挙権は ⑦ 歳以上である。参議院は定数 ⑧ 名（比例代表 ⑨ 名、選挙区 ⑩ 名）である。任期は ⑪ 年で ⑫ 年ごとに半数が改選される。解散はなく、被選挙権は ⑬ 歳以上である。

2

① は、毎年1月に召集され、予算の議決を主要議題とする。会期は原則として ② 日である。 ③ は、内閣が必要と認めた場合や、衆議院または参議院のいずれかの議員の ④ 以上の要求があった場合に召集される。 ⑤ は、 ⑥ の解散中、国に緊急の必要がある場合に召集され、緊急議題を暫定議決するが、その措置は後に ⑥ の同意がない場合、失効する。 ⑦ は、 ⑥ の解散による総選挙後 ⑧ 日以内に召集され、内閣総理大臣の指名を主な議題とする。

Answer

3

国民に最高裁判所裁判官を罷免（ひめん）するかどうかを問う制度を ① といい、日本国憲法第79条に規定されている。最高裁判所の裁判官は、任命後初の ② の投票日に ① を受け、その後は審査から ③ 年を経過した後に初めて行われる ② 時に再審査を受ける。

① の投票用紙には、そのときに審査の対象となる裁判官の氏名が記載されており、投票者は、罷免すべきと思う裁判官に×印をつける。投票者の過半数が×印をつけた裁判官は罷免される。これまで、 ① によって罷免された裁判官はいない。投票用紙に×印を書き込まなかった場合は、自動的に信任とみなされるため、 ① では常に信任票が多くなる傾向にあり、この制度は形骸化（けいがい）したものであるとの見方もある。

4

① は解散があり国民の意思を敏感に反映できることから、憲法上、 ② に対して優越が認められている。優越する事項は、 ③ 、 ④ 、 ⑤ 、 ⑥ である。

3
①国民審査
②衆議院議員
　総選挙
③10

4
①衆議院
②参議院
③法律案の議
　決
④条約の承認
⑤予算の議決
⑥内閣総理大
　臣の指名
※③〜⑥は順
　不同

社会一般 問題

5

環境破壊・人権侵害などの問題に取り組んでいる、民間の国際協力団体の略称を　①　と呼ぶ。　①　（Non-Governmental Organization = 非政府組織）は、政府以外の組織であり、公共的・公益的サービスを担う活動を行う非営利組織である。慣習的にも国際的に活動するものを　①　と呼ぶことが多い。国際的な非政府組織としては、国際人権救援機構(AI)、国際赤十字・赤新月社連盟（IFRC）などがある。

6

わが国の裁判は、　①　が採用されている。裁判の公正・慎重を図り、国民の人権を守るために判決に不服であれば、より上級の裁判所に対してやり直しを求め、3回まで裁判を受けることができる。第一審の判決に不服で、上級の裁判所に裁判を求めることを　②　、第二審の判決に不服で、上級の裁判所に裁判を求めることを　③　という。また、裁判が確定した後、裁判の誤りが分かってやり直すことを　④　という。

Answer

5
①NGO

6
①三審制
②控訴
③上告
④再審

7

　①　は市民の立場から行政監察や苦情処理を行い「市民の代理人」といわれている、スウェーデンで始まった制度である。市民の有志が中立的な立場で行政を監視する。わが国では国レベルでは導入されていない。市民　①　などの運動によって、地方公共団体の情報公開が進むケースが多く、政治への住民参加も促進されることが期待される。

8

　①　制度は、金融機関が破綻したとき、預金保険機構が金融機関から集めた保険料によって、保険対象となる預金について一定限度まで預金者に払い戻す制度である。現在は、定期預金や利息の付く普通預金などは、合算して　②　円までの元本とその利息、当座預金や利息の付かない普通預金は　③　が保護されることになっている。

社会一般　問題

9

アメリカ大統領は、　①　年に一度、国民の投票によって選出される。　②　は一度限りで認められ、　③　は禁止されている。大統領選挙は、形式的には間接選挙であり、まず国民が大統領選挙人を選び、その選挙人が大統領を選ぶという形式をとっている。

10

憲法典として文章化されている憲法を　①　、文章化されていない憲法を　②　という。イギリスは憲法典を有していない国の一つで、過去の議会決議や通常の手続きで作られた法律から構成される　②　制である。イギリスの　②　を構成している法律には、マグナ・カルタ(大憲章)、人身保護法、権利の章典、慣習法、王位継承法など多数が挙げられる。その国が　②　である要因としては、歴史的経緯によるもの、慣習法など複数の法律が　①　の役割を果たしている場合などがある。

9
①4
②再選
③3選

10
①成文憲法
②不文憲法

11

近代の国家は、18世紀＝強大な警察力を背景に、国民を抑圧する ① 、19世紀＝治安維持や国防しか行わない ② 、20世紀＝政府が経済に介入して、経済発展を図り、社会保障を増進させる ③ と推移していった。なお、 ② は、自由主義国家とも呼ばれ、ドイツの政治学者フェルディナント・ラッサールが命名したものである。

12

産業構造とは、国民所得や就業人口に占める第一次産業（農業・林業・水産業など）、第二次産業（鉱業・工業・建設業など）、第三次産業（商業・サービス業・運輸・通信業・公務など）の割合のことをいう。高度経済成長下では、産業構造は、次第に第二次・第三次産業へと中心が移行する。このように経済の発展に伴い、第一次産業が減少し、第二次産業や第三次産業が増えていくことを ① という。

社会一般 問題

13

現在のわが国の社会保障制度は、 ① 、
② 、 ③ 、 ④ の四つの柱から
なる。 ① とは、被保険者が納める保険料
と租税をもとに、病気・老齢・失業などの場合
に、保険金やサービスの給付が行われるもので
ある。 ② は、生活保護法により、生活困
窮者に対して、最低生活を保障する生活費を支
給する制度。 ③ は、社会的弱者（ハンデ
ィを持つ人）に手当てやサービス（保健設備な
ど）を支給するもので、福祉六法(児童福祉法・
母子及び寡婦福祉法・身体障害者福祉法・知的
障害者福祉法など）により、法制化されている。
 ④ は、国民の健康を維持し、生活環境を
整備するもので、伝染病の予防、公害対策、下
水道の整備などがあげられる。

14

日本銀行が四半期（3カ月に1回）ごとに発
表する統計調査を「 ① 調査（通称は
 ② ）」という。日銀が直接、企業に業況
感などをきく調査であり、サンプル数が多く回
収率も高いので、数多くある経済指標の中でも
特に注目され、株価にも影響を与える。

15

多数の国々に子会社として現地法人を持つ国際的な巨大企業のことを　①　という。活動拠点を一国に置かず、世界的に活動している。

　②　は、複合企業ともいい、相互に異業種の企業を合併し、広範囲にわたって多角化した企業のことである。　③　は、独立した企業の株式を親会社が持ち、実質的に支配する企業形態をいう。戦前の三井、三菱、安田、住友などの財閥は、一種の　③　であった。

16

既存の商品やサービスにはないものを求める消費者に向けた、ニーズの規模が小さい産業、すなわち市場は小さくても需要があり、供給が進んでいない産業を　①　産業という。　①　とは、直訳すると「すきま」や「くぼみ」のことである。

Answer

15

①多国籍企業
②コングロマリット
③コンツェルン

16

①ニッチ
　(niche)

17

アメリカにおける、世界最大のベンチャー企業
向け株式市場を　①　という。1971年2月
8日、　①　は世界初の電子株式市場として
初めて証券取引を開始した。その後、自動取引
システムを導入し、コンピュータシステムの証
券取引市場は、多くの企業の上場を得て、現在
は取引高ランキングで世界第3位に入るなど、巨
大市場へと成長している。

18

自由な経済行為が自然な調和を生み出していく
ことを「神の見えざる手」と表現したのは、イ
ギリスの哲学者・経済学者　①　である。主
著の『　②　』では、ヒュームやモンテスキ
ュー、チュルゴーといった思想家による理論の
紹介をするとともに、市場とそこで行われる競
争の重要性に着目し、近代経済学の基礎を確立
したといわれる。「神の見えざる手」は、利己的
に行動する各人が、市場において自由競争を行
えば、自然と需要と供給は収束に向かい、経済
的均衡が実現され、社会的安定がもたらされる、
というものである。

19

　　①　　は、世界銀行（世銀）とも呼ばれる。第二次世界大戦後の世界各国の復興を促す目的で、1946年に業務を開始、1947年に国連の専門機関となった。その後、累積債務問題など、発展途上国の国際収支悪化緩和のための経済構造調整融資が中心となる。

20

2007年に発表された国連人口基金の「世界人口白書」によると、人口が1億人を超えているのは、順に、中国、　①　、アメリカ、　②　、ブラジル、　③　、バングラデシュ、　④　、ナイジェリア、　⑤　である。同書によると、日本の人口は、現在の1億2800万人から、2050年には1億1200万人程度に減少し、世界順位では、現在の　⑥　位から17位程度に低下すると予測している。

20
①インド
②インドネシア
③パキスタン
④ロシア
⑤日本
⑥10

21

財政の仕組み自体に備わっている、景気を自動的に調節する装置（システム）のことを　①　という。景気安定のための公共政策などに比べて、タイムラグが少ないという特徴がある。所得税などの累進課税、雇用保険の給付などが、その具体例である。

社会一般　問題

22

個人のパソコンから本人の意図しないうちに個人情報を収集したり、特定のデータを検索して転送するなどを行う悪意のあるソフトウエアを、一般に ① という。

23

国政で「政務三役」といわれている役職がある。各省の大臣、副大臣、 ① である。

24

1990年以降、アメリカ・カナダなどで注目されている、地中の頁岩（けつがん）層から産出される新しいタイプの天然ガスを ① という。

25

エコ活動の一環として、レストランなどで食べ残した料理を持ち帰るためのバッグ携帯運動が広まっているが、このバッグの名称を ① という。

26

国連気候変動枠組条約第21回締約国会議（COP21）が、2020年以降の地球温暖化対策の枠組みを決めた ① を採択した。

22
①スパイウエア

23
①政務官

24
①シェールガス

25
①ドギーバッグ

26
①パリ協定

27

国際通貨基金（IMF）が、2016年10月から新たに特別引き出し権（SDR）の構成通貨に加えた通貨は ① である。

28

国際離婚に伴う国家間での子どもの不法な連れ去りの防止を目的とする条約を ① 条約という。

29

2016年4月、政府は熊本地震を ① 災害に指定することを閣議決定した。

30

風力や太陽光など自然から取り出すことができ、繰り返し利用できるエネルギーを ① 可能エネルギーという。

31

経済成長、貿易自由化、開発支援を目的として、最近では国際学習到達度調査を実施している国際機関は ① 機構（OECD）である。

32

衆議院と参議院とで多数派の政党が異なる国会の状態を ① 国会という。

社会一般　問題

33

福島第一原子力発電所の事故で放出され、野菜や牛肉などからも検出され、健康への影響が懸念されている放射性物質を ① という。

34

需要の法則とは、価格が ① と需要量が増え、価格が ② と需要量は減ることをいう。供給の法則とは、価格が ③ と供給量は減り、価格が ④ と供給量が増えることをいう。自由競争市場においては、価格の上下が目安となって生産量や消費量が調整される。この作用は「(神の)見えざる手」ともいわれ、 ⑤ によって明らかにされた。

33
①セシウム

34
①下がる
②上がる
③下がる
④上がる
⑤アダム・スミス

35

海外のインフレにより、国産商品の輸出が増加
して国内の有効需要が拡大する一方、輸入原材
料価格が上昇して製品価格が上昇することを
　①　インフレという。

非経済的圧力によって、賃金、原材料費といっ
た生産要素の価格が引き上げられ、その結果、
生産費が上昇し、それが価格に転嫁され、物価
騰貴を招くことを　②　インフレという。

独占的、あるいは寡占的な市場においては、商
品の価格は市場の需給関係を無視して決定され
る傾向が強く、需要の減少は価格の引き下げで
はなく供給量の減少をもたらすことを　③
インフレという。

通貨供給量が増大しなくても、消費、投資、財
政支出、輸出のいずれかの要因の増大によって、
総需要が総供給を超過し、物価騰貴が起こるこ
とを、　④　インフレという。

国内物価の上昇は、国際収支の大幅黒字を減少
させる効果を持っている。その効果を期待して、
政策的に国内物価の上昇をある程度許容するこ
とを　⑤　インフレという。

35
① 輸入
② コストプッ
　 シュ
③ 管理価格
④ 需要
⑤ 調整

社会一般 問題

165

英　語

👉ここがPOINT

就職試験は、大学入試と比べて、会話力を見るもの、作文力を問うものが多く出題される。長文読解、和訳、文法などもよく練習しておく。中学～高校基礎レベルを確実にしておくことが一番の対策となる。

▶確認しておくこと

- 動詞の活用・変化……特に不規則変化をするものを正しく言えること
- 基本的単語の再確認……中学で学習する単語（約900語）を理解しておくこと。そのうえで、高校レベルの単語を復習する
- 進行形
  文型（be ＋～ ing）
  現在進行形の用法、進行形にできない動詞
- 完了形
  文型（have ＋過去分詞）
  現在完了形の用法（完了・経験・継続・結果）
  現在完了形とともに用いられない副詞句・用いられる副詞句
- 助動詞の用法 ……can, may, must, be able to, have to, would, should, used to, ought to, need, dare などの意味と用法
- 受動態
  文型（be 動詞＋過去分詞）
  注意すべき受動態
  (1)能動態に訳すもの「be surprised, be satisfied など」
  (2)by 以外の前置詞「be filled with, be made of など」

- 不定詞

  文型（to＋動詞の原型）

  用法（名詞的、副詞的、形容詞的）疑問詞＋to不定詞

  ⇒It is ～　to…

  原形不定詞の用法（知覚動詞・使役動詞の場合）

- 分詞・動名詞／分詞（現在分詞・過去分詞）

  名詞を修飾する分詞→a sleeping baby（分詞＋名詞）

  a letter written in English（名詞＋分詞）

  分詞構文（時、理由、付帯状況などの意味を表す）

  動名詞の用法　動名詞だけを目的語にとる動詞（enjoy, finish, stopなど）

  不定詞だけを目的語にとる動詞（ask, want, expectなど）

- 関係詞／関係代名詞（who, which, thatの用法）

  関係代名詞　what（先行詞を含む関係代名詞）

  関係副詞（when, where）

  関係詞の非制限的用法（先行詞の内容を補足的に説明する。関係詞の前にコンマがある）

  複合関係詞（関係詞にeverがついた形）

- 前置詞

  時を表す前置詞（at, on, in, before, after, by, till, during, for）

  場所を表す前置詞（at, on, in, from, to, out of, under）

- 仮定法…仮定法過去（もし～ならば、……だろうに）

  仮定法過去完了（もし～だったら、……だったのに）

  仮定法を含む重要構文→I wish ～ , as if ～

- 否定の表し方

  ＊not, no, neverなど

  ＊hardly, seldom, few, littleなど（準否定）…「ほとんど（めったに）～ない」

  ＊部分否定→all, every, alwaysなどと否定語を一文に用いると「全部が（必ずしも）～とは限らない」という意味。

- 同格…名詞＋名詞、名詞＋that節などの形で、前の名詞の内容を補足する。

▶英語長文攻略のコツ

1　長文を読むときは、頭から読み下していく

⑴　次にくる内容を予測しながら読む。

⑵　頭から順に読んで、意味の切れ目でいったん区切る。

⑶　その都度日本語に訳さず、できるだけ英語のまま理解すること
　　を心がける。

2　単語の意味が分からないときの対処法

⑴　まず品詞の見当をつける。

⑵　その文中で、プラスイメージで使われているか、マイナスイメ
　　ージで使われているかの見当をつける。

⑶　語中に知っている語が含まれていないか？

3「時事単語」は常にチェックして覚える

（例）6カ国協議　　Six-Party Talks

　　　主要8カ国首脳会議　Group of Eight

　　　温室効果ガス　　Greenhouse Gas

専門的な英語力を必要とする企業では、もちろん英語のみの筆
記試験が行われることもある。就職試験対策として学習するこ
とも大切だが、それ以上に日ごろから英語に親しむことによっ
て、自然に身につけておくことが重要である。一生の英語力の
基礎を確固たるものにするために、各種英語試験・検定などに
積極的にチャレンジしたり、さまざまな媒体を利用して会話力
アップに努めるなど、計画的に学習する。

1

"Whatever you may say, he will get angry." は「あなたが ① 、彼は腹をたてるだろう。」という意味である。

"whatever"、"whichever" など "-ever" のついた関係代名詞を複合関係代名詞という。「 ② 」という意味の譲歩を表す場合は、"-ever" で始まる節は副詞節である。上の文は "No matter what you may say, he will get angry." と書き換えることができる。

2

"Those who are rich are not always happy." は「金持ちが ① 。」という意味である。

"Nobody 〜"（「 ② 」という意味）のように全体を否定することを「全体否定」というのに対し、"not always 〜"（「 ③ 」という意味）のように一部分を否定することを「部分否定」という。" not always happy" は部分否定で、「 ① 」という意味になる。"those who are rich" は「金持ちの人たち」という意味である。

3

"I prefer coffee to tea in the morning." は
「朝は ① が好きだ。」という意味である。
"prefer A to B" は「 ② 」という意味の
イディオム。したがって、"prefer coffee to
tea" は「 ① が好きだ」という意味にな
る。「コーヒー」と「紅茶」が逆にならないよう
に気をつけよう。このイディオムはよく使われ
るので覚えておきたい。

4

"They were far from being poor." は「彼ら
は ① だった。」という意味である。
"far from ~" は not、never、hardly などの
否定語を用いない否定表現の一つで、「 ② 」
と訳す。直訳すれば、「彼らは貧乏 ③ 。」
となる。

5

"I cannot but laugh." は「私は笑わ ① 。」
という意味である。
"cannot but + 動詞の原形" で「 ② 」
の意味。他に "cannot help ~ ing" があり、
同じ意味であるが口語的である。

6

「彼女は『電話を切らないで！』と叫んだ。」を
英訳すると "She cried, 'Don't ① up
on me！'" となる。
" ① up" は「電話を切る」という意味で

3
①紅茶よりコ
ーヒーのほ
う
②BよりAの
ほうを好む

4
①裕福
②決して~で
はない、~
どころでは
ない
③どころでは
なかった

5
①ずにはいら
れない
②~せずには
いられない

6
①hang

ある。このイディオムはよく使われるので覚えておきたい。

7

「月曜日の朝までに宿題を提出しなさい。」を英訳すると"Hand in your assignments ① Monday morning."となる。

「～までに」という期限を表す前置詞は"① "である。"till"と間違いやすいが、"till"は「～までずっと」という継続的な期間の意味を表す。この二つの前置詞は混同しやすいので、違いをしっかり覚えておきたい。また"hand in"は「提出する」という意味。

8

「助けていただいて大変ありがとうございました。」を英訳すると"It is very ① to help me."となる。

話者の主観的評価を表す形容詞には"of"を使う。

9

「タクシーを1台呼んでくださいませんか。」を英訳すると"I ① call a taxi."となる。"I ② "で「(人)に(動詞)してもらいたい」の意味になる。"Would you like to call a taxi for me?"でもよい。

10

「インフルエンザのため多くの生徒が学校を欠席した。」を英訳すると "Influenza prevented a lot of students ① coming to school." となる。

" ② " で、「AがBすることを妨げる」という意味である。この場合、インフルエンザが、多くの生徒が登校するのを妨げたのだから主語は "influenza"。Aに当たるのは「多くの生徒」"a lot of students" で、Bに当たるのは「登校する」"coming to school" となる。

11

「あなたはここに滞在しないほうがよい。」という日本文を英訳すると、"You ① better not stay here." となる。

12

「太陽は明るく輝く。」という日本文を英訳すると "The sun shines ① ." になる。
" ① " はbrightlyという副詞と同じように用いられる。この他にも、fair、fine、loud、slow、smoothなども、-lyをつけた副詞と同じように用いられることがある。

13

"I can't make out what you mean." は「私はあなたの言っていることが ① できない。」であるが、"make out" を別の単語で表すと " ② " となる。

10
① from
② prevent
　A from B

11
① had

12
① bright

13
① 理解
② under-
　stand

172

14

"What does UN stand for?" を和訳すると
「UNは何を ① ?」となる。"stand for"
は、「 ② 」という意味のイディオム。"UN"
は、「United Nations（国際連合）」の略語で
ある。

15

「ジェフは善悪の区別がわかるには十分な年齢
だ。」を英訳すると "Jeff is ① to un-
derstand the difference between right
and wrong." となる。
"… ② ～" は「～するのに十分…だ」とい
う意味になることを覚えておこう。

16

「我々は彼をこの国で最も有名な俳優だとみなし
ている。」を英訳すると "We regard him
① the most famous actor in this
country." となる。
"regard A ① B" の形で「 ② 」と
いう意味のイディオムになる。" ① "には
「 ③ 」という意味がある。

14
①表していま
すか
②表す

15
①old
enough
②enough
to

16
①as
②AをBとみ
なす
③～として

17

The beaver builds its home from the inside out. It starts building in the early autumn. The house is made out of mud, sticks, and grass to protect against the cold in winter and against hungry animals. Like an old castle, it is usually surrounded by water and often built on a small island in a pond. In order to make an island for the house, the beaver must pile up mud and hundreds of sticks in the pond. The beaver gets sticks from bushes and branches of trees. Finally, the top of the pile rises a few inches above the water. The island will <u>serve as</u> the floor of the house.

（注）beaver　ビーバー

英文の内容から考えて、文中の下線部 "serve as" の意味に最も近い単語は " ① " である。

英文は次のように訳せる。「ビーバーはその巣を内側から外へと作る。秋の早い時期に作り始める。巣は冬の寒さや飢えた獣から守るために、泥や棒や草から作られる。古い城のように、それは大抵水に囲まれ、しばしば池の小さな島の上に作られる。巣のための島を作るには、ビーバーは泥と何百本もの棒を池に積み上げねばならない。ビーバーは藪や木の枝から棒を取って来る。ようやく、積み上げられたものの一番上が水面より数インチ上に出ると、その島は巣の床

となるのだ。」

"serve as 〜" 「〜として役立つ、〜の役目を
する」で、"　①　"「〜になる」と置き換え
ても文意は変わらない。

18

「私たちは家のことで大変苦労して、結局引っ越
すことに決めた。」という文を英文にすると、"We
had a lot of trouble with our house.
　①　, we decided to move out." になる。
"　①　" は「結局、ついに」という意味のイ
ディオムである。

19

サチコ：遅れて本当にごめんなさい。
ジャック：大丈夫だよ。会議はまだ始まってい
　　　　　ないよ。
サチコ：それはよかった。

を英文にすると、

Sachiko: I'm so sorry to be 　①　.
Jack: 　②　. The meeting hasn't start-
　　　ed yet.
Sachiko: I'm glad to hear that.

となる。

20

"excessive bureaucracy or formality especially in public business" という英文は "red tape" という語句で表すことができる。英文は「特に公務での過度の ① 」という内容。"red tape" は、「 ② 」という意味である。

21

間違えている下線部分を正しく直しなさい。

1. Perhaps nobody wanted to marry with him.
2. Let's wait until he will come back.
3. When you called me last night, I took a bath.
4. My father told me not stay up late at night.

22

(1) Tom, ① is from America, is a good swimmer.

(2) "Out of sight, out of ② " means that friendship will sometimes grow cold.

(3) Most great artists are exceptionally ③ people.

Answer

20

① 官僚主義、形式主義

② 官僚的形式主義、お役所仕事

21

① with が不要である。

② will come を comes

③ took を was taking

④ stay を to stay

22

① who

② mind

③ sensitive

(4) Yukiko: Excuse me. Are you busy?
Mr.Wright: No. Come on ④

Yukiko: Thak you. I'd like to ask you some Questions.
Mr.Wright: Sure. Go right ahead.

(5) He has two sisters. One is in America and tha ⑤ is in China.

(6) L.A. is a good place to visit ⑥ your family.

(7) There are many things to do in L.A. that attract ⑦ .

(8) He set his alarm-clock to ⑧ that he wouldn't oversleep.

(9) Most great artists are exceptionally ⑨ people.

Answer

22

④in
⑤other
⑥with
⑦adults
⑧ensure
⑨sensitive

23

Many fast-food restaurants have red on their signs. Why do they use that color? You can see red from far away, so it is used for their signs. That is one reason. But the most important reason is this: red is a color which makes you hungry. Yellow and green can also make you hungry are used for their signs, too. Please look at the sign of the fast-food restaurant when you go there next time.

①本文の内容に合致し、かつ英文としても正しいものを次の中から一つ選びなさい。
  A) People likes yellow and green.
  B) People think red is important.
  C) People become hungry when they see red.
  D) People become happy when they see yellow and green.
  E) People know many fast-food res-taurants have red on their signs.

24

①次の英文を日本語に直したとき、最も適切なものを1つ選びなさい。

With the right leadership and pro-growth policies, the economy can weather this upheaval.

A）経済は、混乱なく天候にたとえることが
できる。

B）天候不順が、経済の混乱を引き起こすも
のだ。

C）経済は、この混乱を乗り切ることができ
る。

D）経済は、この混乱を教訓にすることがで
きる。

E）経済の混乱は、天候が引き起こすことが
できる。

②次の日本文を英語に直したとき、最も適切な
ものを１つ選びなさい。

私の知る限りでは、彼はまだ結婚していない。

A）As long as I know, he hasn't been
married yet.

B）As well as I know, he hasn't been
married yet.

C）As soon as I know, he hasn't been
married yet.

D）Unless I know, he hasn't been
married yet.

E）As far as I know, he hasn't been
married yet.

25

① 次の英文の内容に一致するものとして正しい
ものを1つ選びなさい。

To be an interesting person you have to
feed and exercise your mind. You cannot
be interesting on an empty mind any
more than you can be healthy on a diet
of potato chips and no exercise. You
have to read and discuss and write a
good deal before you can fulfill the won-
derful opportunity you have to pass from
ignorance to knowledge and interesting-
ness.

A) ポテトチップスはおいしいお菓子であるが、
   ダイエットをしている人にとっては大敵で
   ある。

B) 知識を備えたおもしろい人になるためには、
   本を読み、討論をし、文章を書かなければ
   ならない。

C) 栄養のある食品を食べないでいると、頭の
   働きが悪くなる。

D) 積極的な運動を心がけると、興味深い人間
   になることができる。

E) ダイエットと頭脳の働きと、コミュニケー
   ション能力にはある相関関係がある。

26

①次の英文の内容と一致するものとして正しい
ものを1つ選びなさい。

They say man's work is never done. But
Seth Goldstein has successfully finished
his life project. And get this: the me-
chanical engineer has invented a ma-
chine capable of tying the perfect neck-
tie. And although exceedingly clever, it's
not really that practical, taking nine min-
utes — that's nine minutes! — to per-
form the task and costing a quarter of a
million dollars. The inventor himself won't
be using his creation. He stopped wear-
ing a tie when he retired six years ago,
though he's still proud of his achieve-
ment.

A) ゴールドスタインさんは、ネクタイを結ぶ
機械を完成させることができなかった。

B) ゴールドスタインさんの発明は実用性が高
く、費用もそれほどかかっていない。

C) ゴールドスタインさんは、この機械を毎日
使用している。

D) ゴールドスタインさんは、ネクタイを完璧
に結ぶ機械を完成させた。

E) ゴールドスタインさんは、この機械に対し
満足していない。

27

次の英文の要旨として正しいものを１つ選びな
さい。

①

The generation gap is nothing new. People tend to be more comfortable with people their own age, and they find themselves more uncomfortable as the difference in age increases. To the young, the old have a way of looking inflexible and intolerant. To the old, the young seem undisciplined and often destructive. So it has always been.

A）年寄りは、若者にとってはうとましい存在
　　である。

B）近年、世代間の断絶という問題がかつてに
　　比べると大きな問題となりつつある。

C）昔から世代間のギャップというものはある。

D）年寄りはいつの時代になっても敬わなけれ
　　ばならない。

E）若者に対して、根拠なく軽蔑するという風
　　潮を何とか改めていかなければならない。

②

次の英文の内容に一致するものとして正しいも
のを１つ選びなさい。

A young man wrote to me the other day lamenting his ignorance and requesting me to tell him what books to read and

what to do in order to become learned
and wise. I sent him a civil answer and
such advice as occurred to me. But I
confess that the more I thought of the
matter the less assured I felt of my abili-
ty for the task.

A）最近の若者は勉強もあまりせずに、賢くな
　　ろうとする傾向が見られるが、なんと嘆き
　　悲しむべきことだろうか。
B）私は、たった一人の若者にアドバイスを与
　　えるような小さな仕事に関わるほど時間が
　　あるわけではない。
C）ある若者から小説家になるためにはどうす
　　ればよいかという相談を受けたが、私は答
　　えることができなかった。
D）私は若者の質問について考えれば考えるほ
　　ど、自分にアドバイスをする能力があるの
　　かどうかについて自信がなくなってきた。
E）最近の若者はものを知らず賢明でない者が
　　多いが、それは本を読む習慣が少なくなっ
　　たからである。

編　集	有限会社ヴュー企画(野秋真紀子)
カバーデザイン	掛川竜
本文デザイン	有限会社 中央制作社

要点マスター!

一般常識

....

問題作成	日本キャリアサポートセンター
編　集	マイナビ出版編集部
発行者	滝口直樹
発行所	株式会社 マイナビ出版
	〒101-0003
	東京都千代田区一ツ橋2-6-3 一ツ橋ビル2F
	電話　0480-38-6872(注文専用ダイヤル)
	03-3556-2731 (販売)
	03-3556-2735 (編集)
	URL　http://book.mynavi.jp
印刷・製本	大日本印刷株式会社